Mitología griega

De Afrodita a Zeus - Los dioses, diosas, héroes y monstruos de la antigua Grecia

Por los lectores de History Activist

Introducción

¿Le gusta la mitología griega?

Si eres un fan de la mitología griega, este es tu libro. Contiene desde la creación del mundo hasta la muerte del Olimpo. Aprenderás sobre todos los dioses y diosas principales, así como sobre docenas de personajes menos conocidos. Esta es una guía esencial para cualquier amante de la mitología, una guía completa de todos los dioses, diosas, héroes y monstruos de la antigua Grecia.

Las historias de la antigua Grecia son algunas de las más famosas de toda la mitología. Durante miles de años, la gente se ha sentido fascinada por los dioses y diosas, los héroes y los monstruos de la mitología griega. Las historias se transmitían originalmente de forma oral, y sólo más tarde se escribieron. Muchos de los relatos se recogieron finalmente en un libro llamado La Ilíada, que fue escrito por el poeta Homero. Otros mitos griegos populares son La Odisea, La Argonáutica y Los Argonautas.

Estas historias cuentan las grandes aventuras de héroes como Hércules y Jasón, que viajaron a tierras lejanas en busca de aventuras y peligros. A lo largo del camino, encontrarían criaturas fantásticas como el Minotauro y la Hidra, así como hermosas diosas como Afrodita y Atenea.

Aunque las historias están llenas de aventuras, también enseñan importantes lecciones sobre moralidad, valor y lealtad. Con una narración apasionante, este libro da vida a la antigua Grecia como nunca antes. Vive la mitología griega como nunca antes con este libro imprescindible. Te fascinarán sus historias y te sorprenderá el poder que ejercían sobre mortales y dioses.

Índice de contenidos

Griego Mitología

La mitología griega es el conjunto de mitos y sagas de la antigua Grecia. Son historias sobre dioses, semidioses y el contacto entre dioses y humanos.

La mitología griega dio a los antiguos griegos explicaciones sobre los orígenes del mundo, los cuerpos celestes, las personas, los dioses, el mal, las enfermedades, los fenómenos naturales y los elementos primarios de la tierra, el agua, el fuego y el aire. Constituyó la base de la religión de los antiguos griegos. Se sabe que intentaron sistematizar y refundir los mitos conocidos de su propia cultura y entorno, recurriendo en gran medida a la etiología y la eponimia. Se trataba de recopilar los árboles genealógicos de los dioses y criaturas míticas conocidas. Se incorporaron y encajaron deidades más antiguas, a veces procedentes de otras culturas como Anatolia, la antigua Mesopotamia y Egipto, y se crearon nuevos mitos para explicar dicho encaje. También se elevaron a mito antiguos acontecimientos históricos casi olvidados (como el de las amazonas) o se transmitieron en forma de mito. Como resultado, la mitología en general adquirió una manifestación renovada y se hizo muy extensa y muy compleja.

Politeísmo

Los griegos creían que había muchos dioses diferentes y otros seres míticos, la mayoría de los cuales eran semidioses. Por tanto, eran politeístas (*poly* = muchos y *theos* = dios) y adoraban a un *panteón* de dioses y diosas. Parte de la razón de este politeísmo es que muchos cultos locales se unieron en una religión panhelénica, como ocurrió con la mitología egipcia. Las historias de los dioses se transmitían oralmente, lo que probablemente sea la razón por la que aparecen variantes locales y hechos contradictorios aquí y allá.

En el mundo griego, los sacrificios se hacían para propiciar o agradecer a los dioses. Esto se hacía a menudo en un altar. Dicho altar se encontraba en un *temenos*, un dominio sagrado, que a veces incluía un templo. Un sacrificio solía ser un producto agrícola; una donación de sangre solía ser un animal (sano). Los mitos hablan de sacrificios humanos, como la historia en la que Agamenón sacrifica a su hija Ifiginea para conseguir vientos favorables de Artemisa para navegar hacia Troya.

Los dioses griegos poseían poderes extraordinarios, pero podían adoptar formas humanas y mostrar comportamientos y defectos humanos. Los juegos de poder eran frecuentes, y emociones como la lujuria, la ira, la alegría y los celos no les eran ajenas.

Celebraciones

Los acontecimientos importantes, como las fiestas agrícolas, se celebraban con juegos rituales, cantos y desfiles especiales, a menudo con máscaras de dioses. Esto era especialmente cierto en el caso del culto a Dionisio, el dios del vino, la embriaguez y un poco de agricultura. De estos desfiles de máscaras surgieron posteriormente las tragedias y comedias griegas. Cuando había que tomar decisiones importantes, la gente solía pedir consejo. La gente acudía al templo de Delfos en busca de un oráculo, un pronunciamiento consultivo de los dioses.

Un oráculo de este tipo podía, en parte por el hecho de escudarse en declaraciones vagas y en parte por su gran conocimiento político, hacer predicciones sorprendentemente buenas.

Expresiones

Muchos términos y expresiones del lenguaje contemporáneo proceden de la mitología griega. Algunos ejemplos son el tormento de tántalo, la caja de Pandora, el trabajo de Sísifo, el talón de Aquiles, el complejo de Edipo, el complejo de Electra, el establo de Augías, el talón de Aquiles, la odisea, la musa y el oráculo (hechizo). Muchos planetas, estrellas y otros cuerpos celestes también llevan nombres de la mitología griega.

Historias

Algunas de las historias, como la del diluvio universal, se encuentran en otros sistemas mitológicos y de creencias. Tanto el Tanaj/Antiguo Testamento como Platón hablan de un "diluvio". Los mitos más antiguos de la mitología mesopotámica también mencionan este suceso. Una posible explicación es que tal acontecimiento efectivamente ocurrió y adoptó diferentes formas a través de la tradición oral. Véanse también las historias del diluvio griego y los orígenes de la humanidad en la mitología griega.

Los primeros relatos griegos conocidos sobre la creación del cielo y la tierra se remontan al siglo VIII a.C. y fueron escritos por Hesíodo. Los mitos y sagas griegos fueron recogidos y transmitidos por Homero, que vivió en los siglos VIII o IX a.C. Sus obras más conocidas son la *Ilíada* y *la Odisea*. Se basan en la historia de la guerra de Troya. Los mitos griegos dominan casi toda la literatura antigua. Incluso hoy en día, vemos elementos de la mitología griega en muchas obras musicales clásicas de la Edad Media en adelante, en obras de teatro, arte visual y obras literarias.

También hay historias modernas sobre la mitología griega. Después de miles de años, sigue siendo un tema popular.

La creación del mundo en la mitología griega

El relato más famoso sobre la creación del mundo fue la Teogonía de Hesiodos.

En él juegan un papel: Gea, Tartaros, Eros, Ponto, Ouranos, los Titanes (incluidos Okeanos, Prometeo, Iapeto, Kronos, Hiperión, Tetis, Temis, Rea y Teia), los Cíclopes, los Gigantes, las Erinyes, Hera, Hestia, Deméter, Hades, Poseidón, Zeus, el Olimpo, Afrodita, Artemisa, Palas Atenea, Apolo, Hefesto, Tifón, los Moires y Heracles.

Mitos y leyendas de la mitología griega

- La saga de Heracles, que incluye las historias de los Gigantes, Euristeo, la Hidra, los Centauros, el establo de Augías, el cinturón de la Reina de las Amazonas, el ganado de Geryones, la manzana de las Hespérides, Kerberos (el guardián del inframundo) y el Centauro Nessus.
- Los Argonautas, incluyendo las historias sobre Jasón y el Vellocino de Oro.
- Teseo, con los relatos de los viajes a Atenas y Creta, la batalla de los lapitas y los centauros y Fedra.
- Edipo y los Labdácidas, incluyendo historias sobre el Oráculo de Delfos, la ciudad de Colón, la búsqueda de venganza de Polinices, Antígona en Tebas, Antígona y Creonte.
- La guerra de Troya, que incluye historias sobre Troya, el resentimiento de Aquiles, la venganza de Apolo, la batalla por Helena y Andrómaca, Patroklos, Héctor, Príamo, Pentesilea, Aiax, Menelao, el caballo de Troya, Laocoön y Sinón.
- El destino de los tántalos, incluyendo los relatos de Atreo, Agamenón, Orestes, las Erinyes, el Areópago e Ifigenia en Tauris.
- Las andanzas de Odiseo, incluyendo los relatos de Ítaca, Telemachos, el naufragio, Nausikaä, los Feacios, los Lotófagos,

los Cíclopes, Polifemo, Eolo, los Laistrygones, el reino fantasma, las Sirenas, Escila y Caribdis, Helios, Eumeo, Penélope, Circe, Laërtes y Hermes.

Inmortales - Dioses y diosas mayores

Afrodita

La diosa del amor, la belleza y la fertilidad

Los romanos identificaban a Afrodita con su diosa Venus.

En la mitología griega, **Afrodita** (griego antiguo: Ἀφροδίτη, *Aphrodítē*) es la diosa del amor, la belleza, la sexualidad y la fertilidad, entre otras cosas. Algunos también la consideran la diosa del equilibrio. Procede de la diosa fenicia Astarté, pero los griegos la reformaron de tal manera según su disposición y necesidades que se convirtió en una verdadera diosa griega. A menudo se la representa con el dios Eros y un ganso.

Origen

Aunque la imagen de Afrodita -principalmente la de Afrodita Urania- muestra muchos rasgos orientales, su posible origen oriental es controvertido. Algunos estudiosos le atribuyen un origen indoeuropeo, aunque con rasgos decididamente orientales. El papel de Chipre parece haber sido importante para el elemento oriental en la imagen de Afrodita griega. Más allá de la hipótesis oriental, está la improbable afirmación de Tümpel de que sería de origen tesalio, ya que su culto estaba muy extendido en Tesalia y Beocia. Si ya podemos ver una representación de Afrodita en la mujer desnuda cuyos genitales están fuertemente marcados y que está rodeada de pájaros en algunas placas de oro de las tumbas de pozo micénicas, hay que preguntarse hasta qué punto la civilización micénica e incluso la minoica estaban ya bajo la influencia oriental. Algunos autores antiguos la consideraban la más antigua de las Moirs (diosas del arreglo).

El nombre del mes de abril (lat. *aprīlis mēnsis*, del etrusco *Apru*, derivado del griego *Aphrō*) proviene de Afrodita. El antiguo calendario de Rómulo lo llamaba el mes de Venus.

Nacimiento

En la mitología griega existen varias historias sobre el nacimiento de Afrodita o lo que puede contarse como tal. Según Homero, era hija de Zeus y Dione, una titánida u oceánida. Con esta madre, símbolo de la fertilidad de la naturaleza, que devuelve la semilla esparcida en ella con una rica cosecha, se identificaba a veces a Afrodita, aunque Theia (Dione), como ser divino separado, tenía su propio significado y personalidad.

Otros llaman a Afrodita hija de Urano y de la diosa del día Hemera; otros intentan conciliar los diferentes mitos relativos a su origen adoptando tres o cuatro diosas de ese nombre.

El más famoso, sin embargo, es el mito narrado por Hesíodo, según el cual Afrodita surgió de la espuma de plata (griego: ἀφρός / aphrós) del mar en el momento en que las olas del mar fueron fecundadas por unas gotas de sangre que cayeron del primer gobernante del mundo y rey de los dioses Urano, después de que éste fuera castrado por su hijo Kronos con una hoz de diamante y luego privado de su dominio. Salió de las barras del mar como la más bella de todas las mujeres, blanca como la espuma de la que había nacido, y la belleza y la hermosura se extendían sobre su semblante sonriente y sobre todo su ser. De ahí que recibiera el nombre de Afrodita, "la nacida de la espuma", o *Anadyomene*, "la emergente".

En primer lugar, cruzó las aguas hasta la isla de Citera, de donde adquirió el apodo (epiklese) "de Citera", o *Citerea*. Luego se fue a la isla de Chipre. Donde ella aparecía, la tierra baldía se convertía en campos florecidos: las flores brotaban bajo sus encantadores pies y toda la tierra se regocijaba en un deleite celestial. Un suave soplo del Céfiro la había

llevado a la tierra. Allí la esperaban los Cuernos de la Primavera para
llevarla hasta los dioses inmortales, o, como lo representó el famoso
escultor Fidias, cuando emergió del mar, fue recibida por Eros (que
entonces difícilmente podría ser considerado su hijo, a no ser que aquí
hubiera acuerdo con el más antiguo mito egipcio de Isis, Osiris y Horus),
arropada por Peitho y pronto rodeada por todos los dioses del cielo y de la
tierra.

El culto y las epíclesis

Así pues, Afrodita está en relación con las tres partes del universo a
través de su nacimiento y su descendencia. Su origen está en el cielo,
nació del mar y la tierra la recibió con todo el esplendor y la gloria que
puede dar la primavera. Esta triple relación de Afrodita con la naturaleza
tuvo una gran influencia en su culto.

De hecho, primero se la adora como *Urania*, es decir, la "Celestial", como
la diosa que pertenece a los dioses celestiales y tiene su morada con
ellos.

En segundo lugar, como *Afrodita Pandemos, se trata de* esa diosa que
afirma su poder sobre toda la tierra y todo el pueblo. A menudo se ha
hecho la contraposición -errónea- entre Afrodita *Urania* como diosa del
amor puro y casto y *Afrodita Pandemos* como la del amor sensual. Sin
embargo, este punto de vista no era originalmente predominante entre los
griegos. La concepción original de ambos nombres era que *Afrodita
Urania* era una poderosa diosa del cielo, la antigua diosa de la naturaleza,
el símbolo de la fertilidad de la naturaleza, mientras que *Afrodita
Pandemos, por* otro lado, era la diosa cuyo poder -la necesidad de amor
innata en todo ser humano- impregna toda la nación.

Una tercera Afrodita, llamada *Euploia*, era una diosa del mar y de la
navegación. En estas tres capacidades, se la adoraba, por ejemplo, en el
promontorio de Cnidus, en Asia Menor, en tres santuarios distintos.

En otros lugares, la diosa era adorada por su extraordinaria influencia en
los corazones de los hombres, en los que inspiraba amor o aversión, y
esta *Afrodita Epistrophia* o *Apostrophia*, reflejada en la *Venus Verticordia*
romana que es "la que hace girar los corazones", aparecía como la
tercera diosa en compañía de *Afrodita Urania* y *Pandemos*. Sin embargo,
la mitología posterior hizo tal distinción entre las diferentes formas
principales en las que se adoraba a la diosa que incluso se adoptó una
genealogía diferente para cada forma.

12

Afrodita Urania

La más segregada y distinta de las otras formas de su culto era sin duda la de *Afrodita Urania*. Era el mismo culto que el de *Afrodita Akraia*, es decir, "en las alturas", que era especialmente autóctono en Chipre, en Cnidus, en Corinto y en el monte Eryx en Sicilia. Este servicio era muy sencillo. No se permitían sacrificios sangrientos en sus altares. La imagen de *Afrodita Urania* estaba armada y era adorada junto a Ares. Las mujeres estaban excluidas de su culto en casi todas partes. En Sicilia, donde sus sacerdotisas debían observar una estricta castidad, llevaba en la cabeza un símbolo de la bóveda celeste y en las manos una amapola y una manzana, símbolos de la fertilidad. Siempre se representó a *Afrodita Urania* totalmente vestida, y se trató de dar a sus imágenes el sello de la seriedad y la castidad, por lo que más tarde se convirtió naturalmente en el símbolo del amor puro y la fidelidad matrimonial. Pero su verdadero significado como diosa de la naturaleza era el del cielo estrellado, que traía la bendición y la fertilidad desde arriba, especialmente a través del rocío de las noches frescas. Por ejemplo, en el monte Eryx se creía que el gran altar que la diosa poseía allí estaba lleno de rocío cada mañana y de hierba fresca que había crecido durante la noche.

El símbolo real de esta diosa era la luna y, además de la luna, también se la asociaba con el astro Venus (la Afrodita griega se identificó posteriormente con la Venus romana).

Esta *Afrodita Urania* era alabada e invocada por los sabios, y alabada por su brillo, que extendía por el cielo con su gran poder, y por la fertilidad, que hacía descender de los cielos a la tierra.

Afrodita Pandemos

Más elaborado, y más atractivo para la mayoría del pueblo griego, era el culto a esa Afrodita que no era una diosa abstracta de la naturaleza, sino que afirmaba su poder e influencia sobre toda la tierra y todo el pueblo, el de *Afrodita Pandemos*. Es la diosa de los jardines y las flores, la diosa seductora de la primavera, la diosa que encanta a los sentidos a través del amor. Se la asocia especialmente con las hermosas flores que produce, como los mirtos y las rosas. Se reveló preferentemente en la fértil humedad de la primavera. Cuando el Céfiro comenzaba a soplar de nuevo y Zeus y Hera celebraban su fiesta de bodas, cuando los cielos traían la lluvia fecundante sobre la tierra y el sueño muerto del invierno daba paso a la vida joven y fresca de la primavera, era el momento de adorar a *Afrodita Pandemos*.

A los poetas griegos les gustaba cantar su poder, el poder del amor, que se revela en toda la naturaleza, especialmente en primavera. En esa época del año, la propia diosa también saborea el dulce placer del amor. Se queda con Adonis en Chipre, con Hefistos en Limnos, con Ares en Tebas, con Anquises en los bosques de los montes Ida. Ni que decir tiene que las principales fiestas de esta Afrodita se celebraban en primavera, especialmente en Pafos y en Amathus, en Chipre, donde también se conmemoraba entonces el nacimiento de Afrodita del mar.

Sin embargo, frente a la alegría y la exuberancia de esas fiestas primaverales, estaba también el profundo e igualmente excesivo dolor que caracterizaba parte del culto a Afrodita en esas fiestas, relacionado con la muerte de Adonis.

Este bello joven, que pastoreaba los rebaños en las montañas como pastor o vagaba por los bosques como cazador, pudo gozar del amor de Afrodita, hasta que un jabalí lo mató. La diosa lo buscó, finalmente encontró su cadáver y no pudo desprenderse de él. Finalmente los dioses se apiadaron de ella y permitieron que Adonis pasara sólo la mitad del año en el inframundo, pero que durante la otra mitad disfrutara de la gloriosa luz del sol en compañía de Afrodita mientras duraran la primavera y el verano.

Especialmente en Oriente, se celebraron grandes festivales relacionados con este mito. Entonces se representaba simbólicamente la desaparición de Adonis; la gente lo buscaba hasta que finalmente encontraba su cadáver y lo lamentaba. Todas las ceremonias, todas las lamentaciones, con las que se acompañaba una ceremonia de entierro, eran también realizadas y cantadas por los procesionistas, que llevaban su imagen como la de un muerto, hasta que al final de la fiesta resonaba el grito de alegría: "*¡Adonis está vivo y ha resucitado!* ". Así, la noticia de su regreso convirtió la pena en alegría. La gente también mantenía pequeños jardines con flores de corta duración en su honor.

Estas fiestas eran una representación alusiva a lo efímero de las glorias otorgadas por la primavera, expresando la sensación de temor y pesadumbre que acosa al hombre cuando todo en la naturaleza parece entrar en el sueño de la muerte.

El mito habla de dos hijos, que la diosa habría dado a Adonis, y menciona sus nombres: Golgos y Beroë.

Afrodita Euploia

En tercer lugar, Afrodita está en relación con el mar. Por eso se la llama *Euploia*, es decir, *la que otorga la buena navegación*. Otros epítetos que indican su relación con el mar son *Pontia (kai Liménia)* (del *mar profundo (y del puerto)*), *Thalassía* (del *mar*), *Liménia* (del *puerto*), *Aligéna* (*nacida en el mar*), *Epipóntia* (del *mar*) y *Pelágia* (*de las costas*). Por supuesto, en las costas se la veneraba más a menudo en calidad de tal. Es una diosa del mar tranquilo y calmado. Sabe calmar a Poseidón, cuando éste quiere crear tormentas, y proporciona a los marineros un viaje feliz y los conduce a buen puerto.

Otras apariciones de Afrodita

Otros se unieron a estas tres representaciones de Afrodita. En primer lugar, fue adorada como diosa de la belleza. Ella misma poseía tal belleza, y todo el atractivo que una mujer puede tener era completamente suyo. Su trabajo consistía en resaltar esta belleza adornando el cuerpo.

Los actos de guerra, que hablan de un espíritu masculino, le son totalmente ajenos. Si se aventura en la guerra, sufre mucho, como cuando fue herida ante Troya por Diomedes, que contaba con el apoyo de Palas Atenea. En el campo de batalla, no puede hacer valer su poder, y sin embargo es poderosa. No sólo ayuda a los troyanos a soportar la larga batalla mediante el apoyo que presta a su querido Paris y a su hijo Eneas, sino que somete a todos los que quiere someter a su poder mediante la fuerza irresistible de su belleza.

La Afrodita dorada, la Afrodita dulcemente sonriente, son epítetos que hacen referencia a este atributo. Lleva el cinturón del amor, que contiene en su interior todas las herramientas mágicas que el amor tiene a su disposición: el deseo feroz y el dulce lenguaje del amor, que hacen que incluso las mentes de los sensatos se desvíen del camino recto. Los poetas griegos cantan a menudo con entusiasmo sus ojos, su hermoso pecho y su hermosa boca, que se compara con un capullo de rosa. Cuando se quiere destacar la exquisita belleza de una mujer mortal, se la compara con Afrodita.

Junto a los Cuernos y a los Charites, siempre está envuelta en flores de primavera; sus ropas están impregnadas de los aromas de estas flores. Esta sencilla pero hermosa decoración de la diosa con flores también fue adoptada por el arte visual, que intentó representar el ideal de belleza femenina de Afrodita. Esto se desvió en Oriente, pero no en el arte genuino de la Antigua Grecia.

Aparte de los epítetos ya mencionados, la diosa era venerada con otros nombres, sobre todo por los lugares donde tenía templos, como *Kypris, Kythereia, Kytherea* (por la isla de Chipre), *Paphia* (por la ciudad de Pafos), *Amathusia* (por la ciudad de Amathus), *Idalia* (por el monte Ida), *Knidia* (por la ciudad de Cnidus), *Erykine/Erykina* (por el templo dedicado a Afrodita en el monte Eryx, en Sicilia) o *Akadalia* (por el manantial del mismo nombre en Beocia, donde Afrodita se bañaba con las Caritas).

Entre sus otros apodos cabe destacar

- *Areia*, es decir, "la guerrera", en alusión al estrecho vínculo que la unía a Ares. Como resultado, se había convertido en cierta medida en una diosa de la guerra. Especialmente en Esparta, donde las mujeres destacaban por su extraordinaria belleza, se la veneraba con ese nombre. Allí tenía un templo con una estatua muy antigua que portaba armas. Más tarde, el servicio de *Afrodita Areia se* trasladó también a Corinto, Citera y Chipre.
- *Afrodita Anadyomene*, significa "surgir del mar" y se refiere al nacimiento de Afrodita de la espuma del mar ondulante.
- *Afrodita Erykine era* un apodo de Afrodita por el monte Eryx, en Sicilia, donde tenía un magnífico templo en su extremo noroeste. Este templo, se decía, había sido fundado por su hijo Eryx, al que había dado a luz de Butes. Bajo el mismo nombre, la diosa era adorada en Psophis, en Arcadia, donde Psophis, la hija de Eryx, le construyó un templo. El servicio de esta diosa se extendió por toda Sicilia y llegó desde allí a Roma al comienzo de la Segunda Guerra Púnica, donde se le erigió un templo en el año 217 a.C. tras la batalla del lago Trasimeno. En el año 181 a.C. se construyó un segundo templo frente a la *Porta Collina.*
- *Afrodita Hetaira* era originalmente una diosa que protegía y controlaba el vínculo íntimo de la amistad; más tarde se convirtió en la diosa protectora de aquellas mujeres de Atenas que, como hemos visto anteriormente, dedicaban su vida por completo al servicio de esta diosa y se atrevían a compararse con ella.
- *Afrodita Kallipygos, a la que se* rendía culto especialmente en Sicilia, recibía este apodo: "la diosa de las nalgas limpias". Este excéntrico apodo se explica por una leyenda, originaria de Siracusa. Allí, dos hermanas se enzarzaron en una pelea sobre cuál de ellas superaba a la otra en belleza en lo que a esta parte del cuerpo se refiere. Llamaron a un joven como árbitro, que decidió a favor de la hermana mayor y quedó tan encantado con su belleza que quiso hacerla su esposa. Comunicó el asunto a su hermano menor, que ahora se aficionó a la hermana menor, y aunque las chicas eran hijas de un simple agricultor y los chicos

hijos de un rico ciudadano de Siracusa, éste aceptó que sus hijos se casaran con las hijas del agricultor. En agradecimiento a ello, las dos hermanas erigieron un templo en honor a *Afrodita Kallipygos* en Siracusa, en el que se colocó la estatua de la diosa con su manto suspendido por encima de las caderas.

- *Afrodita Ktesylla era el* nombre de la diosa que se encontraba en un templo de Iulis en la isla de Kea. Después de que Hermochares enterrara a su esposa Ktesylla, a la que había perdido cuando le dio un hijo, una paloma voló al cielo desde el ataúd. Su cadáver había desaparecido. El oráculo de Delfos declaró entonces que Afrodita la había tomado para sí y que, en memoria de ello, debía construirse un templo a *Afrodita Ktesylla*.
- En Esparta, al mismo tiempo que una *Afrodita Urania*, cuya imagen se representaba armada, también se adoraba a una *Afrodita Morpho*, al parecer diosa del amor casto y la fidelidad conyugal.
- *Afrodita Melainis* ("la negra"), también llamada *Afrodita Melaina*, parece haber tenido un culto especial en Tespia, en Melangeia y en Corinto. Esta epíclesis de Afrodita parece haber indicado la naturaleza ctónica de Afrodita, como diosa de la fertilidad.
- *Afrodita Nymphia* era la protectora de los desposados y de los recién casados, a la que Teseo dio un santuario propio a las afueras de Troezen cuando éste tomó a Helena por esposa. Su apodo deriva de νύμφη / nýmphê, término que designa a una chica que pasa de la adolescencia a la mujer casada.
- *Afrodita Peitho* era una fusión de Afrodita con su compañera Peitho, que enfatizaba el aspecto del matrimonio y los esponsales, que ya era patrocinado por ambas deidades y que ahora estaba aún más estrechamente vinculado a Afrodita a través de la fusión de las dos diosas, por así decirlo.
- *Afrodita Xene*, es decir, "la extraña Afrodita", era el nombre con el que se afirmaba que Menelao había erigido un templo a Afrodita en Egipto. En efecto, cuando Paris, después de haber violado a Helena, se dirigió a Troya, entró también en Egipto, pero el rey de ese país, Proteo, la retuvo para sí y echó a Paris del país, solo o con una imagen falsa de ella. Sin embargo, mantuvo a Helena con él, y más tarde la devolvió con los tesoros saqueados por Paris a Menelao, que erigió un templo a Afrodita en agradecimiento. Los romanos llamaban a esta diosa *Venus Hospita*.
- La llamada *Afrodita de Afrodisias*, la diosa de la ciudad de Afrodisias, en Anatolia, parece haber sido una deidad caria original, que se fundiría en una trinidad de Afrodita *Ourania*, *Pandemos* y *Pelagia*. Como tal, Afrodita fue venerada en todo el Mediterráneo hasta la época imperial romana. El emperador

Adriano, entre otros, era un ferviente adorador de ella. Sin embargo, en el siglo V su templo se convirtió en una basílica cristiana. En la actualidad, la estatua se encuentra en París, donde sigue siendo visitada a diario por los turistas.

- *Isis-Afrodita* fue la asociación que se hizo de ella en Egipto. Las representaciones en terracota policromada de la diosa desnuda, coronada por una cornucopia transformada en cesto o cornucopia, se entregaban comúnmente a las parejas jóvenes como regalos de boda, expresando el deseo de fertilidad. Después de la muerte, se daban como regalos de tumba. La asociación con Egipto se explica por la gran admiración de los griegos por la antigüedad de esta cultura. La gente acomodada incluso iba a estudiar allí en parte por esta razón.

Fiestas afroditas

Las *Afrodisias* eran fiestas celebradas en honor a Afrodita, principalmente en la isla de Chipre, más comúnmente en la ciudad de Pafos. Durante estas fiestas, no se permitía hacer sacrificios sangrientos a la diosa, a la que se rendía culto bajo la apariencia de un cono redondo y puntiagudo o de una pequeña pirámide blanca. La llama del fuego del sacrificio, el incienso y la mirra le resultaban agradables. Más tarde, las *Afrodisias* parecen haber ido acompañadas de misterios dedicados a Afrodita. *Las Afrodisias* también se celebraban en el templo de Afrodita en Amathus, que, después del de Pafos, era el más famoso de la diosa en Chipre, así como en la isla dedicada a ella, Citera. Además, *las Afrodisias* se celebraban en Aigina, en Tebas, en Corinto y en Atenas, aunque lo más probable es que fueran conocidas en toda Grecia. En la mayoría de los lugares, los hetaires participaban en estas fiestas con sus amantes.

En el templo del Eryx, en Sicilia, se celebraban curiosas fiestas: la *Anagogia* y la *Katagogia*. En efecto, en ese templo y en sus proximidades se guardaban numerosas palomas, que a cierta hora volaban todas, según se decía, hacia Libia. Esto se consideraba la partida de Afrodita y se celebraba con una fiesta, la *Anagogía*. Nueve días más tarde, las palomas volvieron con una extraña y extraordinariamente bella paloma al frente. Esto se llamó el regreso de la diosa, que fue celebrado festivamente por los *katagogos*.

Afrodita en relación con otros dioses y mortales

Como se ha mencionado, Afrodita es una diosa del amor y la fertilidad. Otorga a los mortales el encanto cautivador que despierta el amor, pero también inspira la pasión consumidora del amor. Ella misma precedió con su ejemplo. Ha sentido la pasión del amor, ha hecho feliz a más de uno entregándole su amor. Se casó con Hefistos, el dios lisiado del fuego, pero este último no pudo alegrarse mucho de su lealtad. El masculino y belicoso Ares, el dios de la guerra, consiguió conquistarla. Cuando Hefesto se dio cuenta del adulterio de su esposa con Ares, confeccionó una ingeniosa red. Mientras ambos amantes se creían a salvo de cualquier perturbación, de repente fueron atrapados en esa red por Hefesto y abandonados a las miradas y palabras burlonas de los otros dioses.

De esa unión de Afrodita y Ares nacieron siete hijos: Harmonia, Deimos, Fobos, Eros, Himeros, Pothos y Anteros.

Afrodita también tenía una relación muy estrecha con Hermes. El fruto de su unión fue Hermafrodito.

Con Dionysos, según algunos, fue la madre de Priapos. Parece tener una estrecha relación con este dios de la fertilidad, ya que encontramos varios santuarios de Afrodita y Dionisos cerca el uno del otro.

Pero no sólo los dioses, incluso los mortales podían a veces regocijarse en el amor de la diosa. Ya lo vimos con Adonis. Que a la diosa no le gustaba que se burlaran de sus aventuras amorosas se desprende de la siguiente leyenda: cuando la musa Clío se burló del amor de Afrodita por Adonis, fue castigada por la diosa con el amor de Pieros, del que dio a luz a Hyakinthos.

El mito continúa hablando de su amor por el príncipe pastor troyano Anquises, al que buscó en los sombríos bosques de las montañas del Ida. Le dio un hijo, Eneas, al que siempre apoyó como madre fiel durante toda su vida. Lo rescató cuando estaba herido en la batalla, lo sacó con su padre a salvo de Troya, cuando la ciudad fue destruida y casi todos los desafortunados habitantes perecieron. Ella le ayudó en todas las dificultades que tuvo que afrontar en su periplo, y gracias a sus esfuerzos le fue dado sentar las bases del imperio romano, que un día dominaría el mundo. Su afecto se trasladó a sus descendientes, que se llamaron a sí mismos Ascanio, hijo de Eneas Julii, de modo que incluso el gran reformador del estado romano, Julio César, pensó que podía alegrarse del especial favor de Afrodita.

También Butes, uno de los argonautas que, atraído por el canto de las sirenas, saltó del Argo al mar, pudo participar en el amor de Afrodita, por la que fue salvado y apreciado. Le dio un hijo llamado Eryx.

A otros, si no están enamorados, se les permite regocijarse en el favor excepcional de la diosa. Entre ellos, el primero en ser mencionado es Paris, el hijo del rey troyano Príamo. De hecho, Afrodita estaba en deuda con él. Pues cuando, en el banquete de bodas de Peleo y Tetis, al que sólo ella, de entre todos los dioses y diosas, no fue invitada, la diosa de las luchas, Eris, había arrojado una manzana de oro con la inscripción "a la más bella", y Hera, Atenea y Afrodita se disputaban su posesión, Paris fue nombrado árbitro por Zeus. Asignó la manzana a Afrodita, guiado para ello por la irresistible belleza de la diosa y por la promesa que le hizo de que le concedería el amor de la mujer más bella de la tierra. Cumplió esta promesa al conquistar el corazón de Helena, esposa del rey espartano Menelao. Siempre Afrodita siguió protegiendo y favoreciendo a Paris, hasta que cayó por la espada de los griegos poco antes o en la caída de Troya.

Hipómenes, el hijo de Meleagro, también disfrutó del afecto de la diosa cuando corrió con Atalante. Esta última vivía solitaria en los bosques y retaba a una carrera a cualquiera que codiciara su mano. Luego tuvo que iniciar la carrera desarmado hacia una meta determinada. Lo seguiría con una lanza y lo atravesaría cuando lo hubiera alcanzado y así lo vencería. Sin embargo, Afrodita le dio a Hipómenes tres hermosas manzanas de oro, que arrojó a los pies de Atalante una por una durante la carrera. Sorprendido por la visión de estas magníficas baratijas, el Atalante, que corría tras él, se agachó para recogerlas una a una. Pero perdió tanto tiempo que el afortunado amante llegó primero a la meta.

En otra versión de la historia, se narra que el corazón de Atalante permaneció frío, incluso por el amor de Meleagro, pero que después Meilainion, el hijo de Anfidamas, cautivado por su belleza, la persiguió sin descanso cuando ella también huyó de él, y sufrió y luchó por ella. La sirvió sin cansarse, hasta que por fin Afrodita le enamoró el corazón y se casó con Meilainion.

En Chipre se conocía a Cinyras, el primer sacerdote de la diosa, creador de las lamentaciones, que se cantaban en las fiestas (*Adonia*) que conmemoraban la muerte de Adonis. Se le atribuye la institución de las fiestas nocturnas celebradas en honor de la diosa (*Pervigilia Veneris*). La diosa le concedió belleza, riqueza, habilidad, felicidad, todo lo que conservó hasta la vejez, y tras su muerte se permitió que sus cenizas y más tarde las de sus descendientes descansaran en su templo.

Además, Pigmalión fue recompensado por su fiel adhesión al servicio de la diosa, ya que ésta dio aliento y vida a una estatua de marfil hecha por él, que llevaba el nombre de Galatea, por la que se inflamó de amor, para que se convirtiera en su compañera de vida.

Cuando un cierto Selemnos, que había sido abandonado por su amada, la ninfa de la primavera Argyra, al disminuir su belleza, fue consumido por la pena a causa de esto, Afrodita, que se apiadó de él, lo transformó en un río, que poseía esta propiedad de que quien se bañaba en él era en adelante atormentado por la pena del amor.

Como diosa del amor, Afrodita engendra esta pasión en la mente de las personas. Especialmente en el corazón de las mujeres, lo enciende como un fuego consumidor. Ya vimos un ejemplo de ello en Helena, a quien inculcó un amor por París tan grande que estuvo tentada de dejar marido, hijo y patria.

Del mismo modo, consiguió encender en Medea una pasión tan feroz por Iason, que olvidó todo sentido del deber y del amor a sus padres, para seguir al hombre amado.

También fue Afrodita quien cegó los corazones de Pasífae y Ariadna por la pasión y quien hizo que Fedra concibiera un amor impío por su hijastro Hipólito, que se había dedicado al servicio de Artemisa. De ahí una batalla entre las dos diosas, que terminó con la triste muerte de sus protegidos.

Afrodita también tenía en mente un destino similar para Psique, cuando ordenó a su hijo Eros que tomara una de sus flechas de oro más afiladas, para atravesar con ella el corazón de Psique, a fin de despertar en su pecho un amor incurable por el más mezquino y el más insignificante de todos los hombres que vivían en la tierra. Pero cuando Eros se hirió con su flecha, él mismo se sintió invadido por el amor hacia Psique y decidió guardar su amor para sí mismo. Finalmente, consiguió reconciliar a su madre y los amantes pudieron permanecer juntos.

Cuando las Propoitides, muchachas de Amathus, en Chipre, negaron que Afrodita fuera una diosa, para ser castigadas por ello, fueron las primeras en ser asediadas por un ansia de amor sensual tal que se hundieron hasta el más profundo nivel de humillación. Entonces la diosa los convirtió en piedras por piedad.

Afrodita también criaría a Klytia y Kameiro, hijas de Pandareos y Harmothea, tras la muerte de sus padres por su participación en las atrocidades de Tantalos.

Ese poder de Afrodita, que puede ejercer a través de la pasión del amor, es un material inagotable para los poetas griegos, pues ese poder es infinito. Se extiende incluso más allá del reino de los muertos. Los que son infelices por el amor en la tierra siguen vagando inquietos en un lugar separado en el inframundo.

Afrodita también otorga el placer del amor. Saborear eso es incluso un deber para ella. Quien la desprecia o la desdice es su enemigo. Como Hipólito rechazó el amor que le ofrecía Faidra, ella le causó la muerte. Como Narciso permaneció insensible al amor de la bella ninfa Eco, ella le inculcó el amor a sí mismo, que se convirtió en la causa de su muerte.

Este rasgo del ser de la diosa dio lugar a una institución que nos parece extraña. En muchos de sus templos había sacerdotisas, que observaban el servicio del templo, interpretaban música y danzas en sus fiestas, pero también se entregaban en algún momento a quien las deseaba (Hieródulos). Sin embargo, hay mucha ambigüedad sobre estas instituciones y recientes investigaciones han cuestionado esta llamada prostitución del templo de los hieródulos.

En la antigüedad, esto se consideraba una institución reguladora, por lo que Solón prescribió estas instituciones en sus leyes. Entre algunos, *Afrodita Pandemos, a la que se* rendía culto por esta institución, dejó de ser tenida en alta estima, ya que tenían una visión diferente de la sexualidad.

Afrodita era también la diosa del amor sensual "puro". El amor, que es el artífice de la procreación de la raza humana, sin el cual ningún estado puede seguir existiendo, era un corolario de su ser incluso cuando se purificaba por la sagrada institución del matrimonio. Lo más hermoso que Afrodita puede conceder a una chica es un matrimonio feliz. Este es el pináculo de la felicidad, que la mujer recibe de su mano. La joven estaba bajo su protección y también estaba cerca de la mujer casada en las horas difíciles en las que daba a luz a sus hijos. De ahí que a menudo se la invocara junto con Artemisa y que la diosa separada Eileithyia, que en épocas posteriores ayudaba especialmente a las mujeres que daban a luz, representara una parte de su ser al igual que el de Artemisa.

Amor puro, fiel, conyugal, disciplina doméstica y honor, eso fue lo que tomó bajo su ala. Pero todo eso se atribuyó a *Afrodita Urania*, y de ahí el fuerte contraste que, aunque no está en la esencia original de la diosa, se hizo en tiempos posteriores por algunos entre la *Urania* y la *Pandemos*.

Al final de la época clásica, la prosperidad de ciertas *poleis* hizo más espléndido el servicio de Afrodita, al que también contribuían las "hetaeren", damas de compañía que solían estar en compañía de los hombres más destacados. Eran bellas, a menudo sagaces, ingeniosas y educadas. Los escultores y pintores solían comparar a las Hetaeren con Afrodita o las representaban como tal.

Compañeros afroditas

Afrodita siempre estuvo rodeada de toda una serie de seres cuya principal tarea era aumentar su belleza y gracia. En primer lugar, los Cuernos y los Charites estaban siempre en su compañía. Ya hemos visto que son ellos los que la visten y adornan con el cinturón, en el que habita la magia del amor, que da a la diosa su poder sobre los dioses y los hombres. Además, Peitho, la diosa de la persuasión halagadora, Eros, Pothos e Hymenaeus, es decir, "el dios del amor", "el deseo" y "el deseo feroz" y, por último, el Hymen o Hymenaios, el dios del matrimonio y del banquete nupcial.

Atributos de los afroditas

A Afrodita se santificaba todo lo que se distinguía por su extraordinaria fertilidad: así, en el reino vegetal, el mirto y la manzana (μῆλον / mēlon: ooft), entre los animales el carnero, el gamo, la liebre, la paloma, el gorrión y los delfines. El cisne también fue llamado tradicionalmente pájaro favorito de la diosa, pero también hay que mencionar el espejo, que se dice que la diosa utilizó cuando Paris emitió su juicio sobre el Ida, mientras que Hera y Atenea no lo hicieron.

Afrodita en las artes visuales

En cuanto a las estatuas de Afrodita, se encontraban en gran número por toda Grecia en la antigüedad.

Sin embargo, hay que distinguir entre las representaciones simbólicas más antiguas de la diosa y las estatuas, que deben su origen al arte griego posterior y desarrollado. En Pafos (Chipre), por ejemplo, se le rendía culto en forma de cono o pirámide colocado en la parte más sagrada del templo (*naos*). Entre las imágenes de Afrodita propiamente dicha, se podía observar una gran distinción entre la representación de *Afrodita Urania* y las imágenes de esa Afrodita, que también permanecía cerca de la corta y transitoria belleza terrenal que había otorgado y la acompañaba hasta la tumba (*Afrodita Epitumbidia)*, y la representación de la diosa del amor sensual, la belleza, el encanto y el placer. La primera lleva como atributos una paloma, una manzana, una flor o un huevo y suele ir cubierta de ropa; la segunda, en cambio, suele ir parcial o totalmente desnuda, lleva una cabra o una liebre y suele llevar un espejo en la mano. Entre las estatuas más famosas de la diosa en la antigüedad se encuentra la del templo de Cnidus, realizada por el escultor ateniense Praxiteles.

Este artista fue el creador del ideal que los artistas griegos intentaron alcanzar en sus representaciones de Afrodita. Una Afrodita decorada con ropas en la isla de Kos por el mismo artista también parece haber estado entre las obras de arte más destacadas de la antigüedad.

Otra famosa imagen de Afrodita, junto con Eros y Pan, también se atribuye a Praxíteles. De esta imagen se desprende que la sandalia tenía una connotación erótica en la cultura griega. Asimismo, se han encontrado sandalias de hetairen con el mensaje "sígueme".

 Varias pinturas famosas de maestros griegos también representaban a la diosa.

Entre ellas, la *Afrodita Anadyomene* de Apeles fue la más famosa. Como una encantadora diosa de la espuma que emerge del diluvio, fue representada en el cuadro considerado la obra maestra del gran pintor griego Apeles. Estaba completamente desnuda y representada secándose el pelo con las manos. Los habitantes de la isla de Kos colgaron este cuadro en el templo de Asklepios; posteriormente, el emperador Augusto lo llevó a Roma y, como compensación, renunció a parte de los impuestos que debían pagar los habitantes de Kos. La hizo colgar en el templo del Divus Julius (el Julio César divinizado). Ya en la época del emperador Nerón, la pintura había sido completamente borrada y tuvo que ser sustituida por otra obra de arte.

De las estatuas de Afrodita que se conservan, la más bella y reconocida es la llamada Venus de Milo, encontrada en la isla de Melos (actual Milo) en el año 1820. Como muestra la imagen, en esta estatua la parte superior del cuerpo está desnuda y los miembros inferiores están cubiertos desde las caderas hacia abajo con una fina túnica. Como los

brazos se han perdido, no se puede determinar con certeza qué imagen
tenía en mente el artista al realizar esta estatua.

Después de éstas, la primera en ser mencionada es la llamada "Venus de
los Médicis", ahora en Florencia. Esta estatua se encontró en Roma. En el
pedestal se nombra como autor a un artista ateniense llamado
Kleomenes. La época en la que vivió este artista es totalmente incierta.
Probablemente la estatua no es más antigua que la época del emperador
Augusto.

Otra estatua famosa es la llamada "Vénus accroupie". La diosa se
representa agachada en la bañera. Esta estatua se cuenta entre las
representaciones más bellas y encantadoras que han sobrevivido de
Afrodita.

Una de las estatuas más copiadas es probablemente la "Afrodita de
Fréjus" o la llamada "Venus Genetrix". Aquí, la diosa es representada más
como una diosa maternal. Se cubre con una prenda interior que se cierra
alrededor del cuerpo, dejando sólo el pecho izquierdo al descubierto. Con
un grácil movimiento del brazo derecho, se sube la prenda superior de
tela más gruesa que cae hacia atrás. El rostro es más redondo que en las
esculturas modeladas por Praxiteles; la expresión de casta moral y
dignidad femenina del escultor causa una impresión sorprendente.

Por último, cabe mencionar una estatua de Afrodita encontrada cerca del
teatro de Arlés, la antigua Arelate, la llamada Venus de Arlés, actualmente
en el museo del Louvre de París.

Como ya se ha mencionado, se puede reconocer en Afrodita el origen
oriental más claramente que en cualquier otra deidad griega. La diosa
que, en las diversas religiones orientales, era similar en esencia y
naturaleza a la Afrodita griega, llevaba diferentes nombres en distintas
regiones, de los cuales mencionamos aquí Mylitta, Alilat y Astarté.

Los romanos la identificaban con su Venus.

Trivia

Según una sola tradición, Helena, madre de Constantino el Grande,
encontró la verdadera cruz de Cristo escondida en una cripta bajo el
templo de Afrodita en Jerusalén en el siglo IV.

En mayo de 2008 se encontró una estatua de bronce de Afrodita en el templo de Tapsiris Magna, junto con una estatua decapitada de un rey de la dinastía ptolemaica que gobernó Egipto del 323 al 30 a.C. El hallazgo fue realizado cerca de Alejandría por un equipo de arqueólogos de Egipto y la República Dominicana que colaboraban en la búsqueda de la tumba de Cleopatra.

Apollo

El dios de la luz, la juventud, la belleza, la poesía y la música

Convertido en uno de los principales dioses de Roma por el emperador Augusto. Apolo era considerado principalmente un dios de la curación por los romanos, que empezaron a rendirle culto durante una epidemia en torno al año 431 a.C. Posteriormente, el emperador Augusto lo convirtió en uno de los principales dioses de Roma. El emperador lo consideraba su deidad patrona e hizo construir un magnífico templo en su honor.

Apolo (griego antiguo: Ἀπόλλων, *Apóllōn*) fue una de las deidades más importantes de la mitología griega. De todos los dioses, su culto era el más extendido entre el pueblo griego y gozaba de la mayor estima. Con el nombre latinizado de Apolo, se dio a conocer en Roma.

Los poetas griegos suelen llamarlo **Phoibos Apollo**. Apolo también es considerado el representante de la belleza racional y el orden, en contraposición a Dionysos, que simboliza la embriaguez emocional.

Etimología

La etimología del nombre "Apolo" es incierta. Sin embargo, entre los autores antiguos encontramos varias etimologías populares. Así, Platón en su *Cratylus* relaciona el nombre con ἀπόλυσις / apólysis, "liberación", con ἀπόλουσις / apólousis, "la limpieza"; limpieza", con ἁπλοῦν / haploũn, "simple", refiriéndose en particular a la forma tesaliana de su nombre, Ἄπλουν / Áploun, y finalmente con Ἀει-βάλλων / Aei-bállôn, "el siempre llamativo". Plutarco, en su Moralia (*La E de Delfos*; 354 s), también menciona ἁπλοῦν / haploũn, en el sentido de "singular".

Origen

Mientras que en el siglo XIX se seguía pensando que Apolo era el dios de la luz, que encontraba su máximo desarrollo en el sol, hoy se piensa de forma diferente.

Aunque se convirtió en el más griego de los dioses, Apolo parece haber llegado a Grecia relativamente tarde. Posiblemente fue llevado a Grecia al final de la civilización micénica (c. 1200-1100 a.C.) por los dorios invasores, aunque también es posible que procediera del Asia Menor hitita. Actualmente se cree que sus orígenes se encuentran en Anatolia central (véase Hiperbórea). Una pista es que el himno homérico a Apolo relata cómo el dios llegó a Delfos. Su epíteto *Hekatos* (llamativo) puede relacionarse con la Hekate caria. En las tablillas cuneiformes hititas (el llamado tratado de Alaksandu entre los hititas y Wilusa, que a veces se identifica con Troya) aparece el nombre de *Appaliunas* o *Apalunas*, probablemente muy relacionado con Apolo.

Parece ser que originalmente era un dios de los rebaños (Apolo *Karneios* y *Smintheus*), que era el patrón no sólo de los pastores (*Apolo Agreus* y *Nomios*), sino también de su enemigo, el lobo (*Apolo Lykeios*). Su protección del tiro con arco (Apolo *Hekatos*), la medicina (*Apolo Paian*) y la música (*Apolo Musagetes*) estaba probablemente relacionada con su función de dios pastor.

Nacimiento

Apolo es el hijo de Zeus y Leto y el hermano gemelo de Artemisa. Cuando Leto estaba embarazada, fue perseguida durante mucho tiempo por Hera, la celosa esposa de Zeus, el padre de Apolo. No pudo encontrar ningún refugio para esperar tranquilamente el nacimiento de sus hijos, excepto en la isla de Delos, donde nacieron Apolo y Artemisa.

Apodos y funciones

Debido a su extensa y amplia labor, han surgido muchos nombres y epíclesis para Apolo.

Apolo Karneios

Apolo *Karneios* (palabra griega antigua que significa *carnero*) es considerado el dios de los rebaños de ovejas entre las tribus dóricas. Según la leyenda, los dorios estaban una vez a punto de cruzar al Peloponeso, dirigidos por los heraclidas de Naupaktos, cuando Hipotes, uno de los heraclidas, mató al vidente Karnos, que era un amante de Apolo. Después de eso, la peste se apoderó del ejército. La enfermedad sólo desapareció tras la expulsión de Hipotes y la expiación de la ira de Apolo mediante la institución de un festín. Los espartanos celebraban esta fiesta, llamada Karneia, en recuerdo de la ayuda que el dios les había prestado al conducirlos al Peloponeso.

Apolo Smintheus

Apolo tenía su propio ganado, que pastoreaba en Pieria, al pie de Olympos. Los campos y los frutos del campo también estaban bajo la protección de Apolo.

Apollo Agreus

Apolo también era muy aficionado a la caza, normalmente junto a su hermana Artemisa. Con los cuernos de las cabras salvajes que Artemisa había matado en Kynthos, construyó su primer altar. Como cazador, Apolo fue apodado *Agreus*.

Apolo Nomios

Como pastor, Apolo fue apodado *Nomios*. Se dice que sirvió como pastor con Laomedon y con Admetos.

Apolo Lykios

Apolo, bajo el sobrenombre de *Lykios,* también era adorado como dios de la luz y del sol, no sólo en Grecia sino especialmente en las costas de Asia Menor. El paisaje de Asia Menor de Licia probablemente recibió su nombre.

Apolo Hekatos

Como arquero, se le solía llamar *Hekatos, Hekatebolos* o *Hekabolos* (retirándose) o el famoso por su arco, o el dios con el arco de plata que le dio Hefistos. Las flechas de Apolo nunca fallaron su objetivo. Entre los excesos de confianza que fueron así castigados se encuentran Niobe y sus hijos, el ejército de los griegos ante Troya, los Cíclopes, Euritos, Otus y Efialtes y los Gigantes.

Apolo Pythios

Ya poco después de su nacimiento, Apolo mató con sus flechas a la mega-serpiente Pitón, que hacía inseguro el santuario Pitón, cerca del monte Parnaso. Debido a esta victoria, Apolo recibió el apodo de *Pythios,* "el pitón". Hizo suyo este santuario, que se conoció como el Oráculo de Delfos. Con este nombre se le rendía culto en los Juegos Píticos.

Dios de la profecía

El atributo más importante de Apolo se reveló en su don de profecía. Al nacer, había pronunciado las palabras "Proclamaré la voluntad inviolable de Zeus". También fundó el famoso templo de Delfos y tomó posesión del antiguo oráculo de Gea (la Tierra).

Apolo Archigetes

Como a raíz de esos dictámenes del oráculo de Delfos se emprendía muy a menudo la fundación de ciudades o el envío de colonias, también se le veneraba como Apolo *Archigetes* (líder de los colonos).

Así, se dice que Apolo ayudó a los colonos cretenses o arcadios a fundar la ciudad de Troya, lo que explica su postura protroyana en *la Ilíada.* También se dice que fue el propio Apolo quien condujo a los dorios en su viaje a través de Grecia hasta Kedaimon, Mesenia y otras ciudades del

Peloponeso; numerosas ciudades, repartidas por todo el mundo, lo consideraron su propio fundador y se llamaron en su honor Apolonia.

Dios de la ciudad

En las propias ciudades, pavimentó los caminos y las calles. De ahí su apodo de *Aguieus*. Delante de cada casa había un bloque de piedra cuadrangular dedicado a él, y donde la estrecha anchura de la calle no permitía esa colocación, lo pintaban en la pared. Protector de los mercados, llevaba el apodo de *Agoraios*. Con Laomedon construyó las murallas de Troya, con Alkathoös las de Megara.

Apolo Amyklaios

El culto a Apolo *Amyklaios* tenía su sede principalmente en la ciudad lacónica de Amyklai. Ya estaba en boga entre los primeros habitantes de Laconia, luego pasó a los aqueos y después a los dorios.

Este servicio estaba relacionado con la muerte de Hyakinthos, en cuyo honor los espartanos celebraban los Hyakinthians en Amyklai en la época más calurosa del verano, en los días de perros. Hyakinthos, hijo de Amyklas, era amante de Apolo, pero fue asesinado accidentalmente por éste cuando jugaba con el disco (disco de lanzamiento) (ya sea por el destino o por el amante rechazado Zephyros). Su tumba estaba bajo el altar y la estatua del dios. El primer día de los Hyakinthians era una fiesta de luto en memoria de la triste muerte de Hyakinthos, pero el segundo día era una fiesta alegre que conmemoraba cómo había sido llevado al cielo por Apolo y había entrado así en una vida nueva, más gloriosa, a través de la muerte.

Apolo Delphinios

Apolo *Delphinios* es el guía sobre el mar. Así como él, como *Agyieus* (cf. *supra*), hace que las calles y los caminos sean seguros, así él, como *Delphinios*, pavimenta los caminos del mar en primavera, el comienzo de la estación de la luz. Rompe las nubes oscuras con el poder de su luz y envía a los delfines como compañeros amistosos de los mortales que navegan por el mar, para proclamar su prosperidad. En las costas marítimas era muy venerado; muchos de los más bellos templos de Apolo estaban situados cerca del mar.

Phoibos Apolo

31

En torno a los años 410-400 a.C., surgió la idea filosófica de Apolo como dios del sol al que se denominaba *Phoibos*. También habría derivado este apodo de su abuela Phoibe y tenía el significado de "profeta". En la época de Homero, sin embargo, esta función estaba reservada a la deidad Helios, que más tarde se fusionaría con Apolo bajo el nombre de Apolo *Helios*. Sin embargo, Apolo y Helios siguieron siendo deidades separadas en los textos mitológicos.

Relación con los dioses y los humanos

Según ciertas leyendas, Apolo mantenía estrechos vínculos con los hiperbóreos que vivían en el extremo norte. Estos relatos pueden proceder de viajeros que han visitado la zona en cuestión. Según el mito, Apolo dividía su tiempo entre los hiperbóreos, con los que permanecía en invierno, y los griegos, con los que estaba en verano.

Relaciones amorosas y niños

Apolo, como joven y apuesto dios, tuvo muchas aventuras amorosas tanto con ninfas como con mujeres mortales. Una vez concibió el amor por Dafne, la hija del dios del río Peneo, que, sin embargo, no sentía nada por él. Al huir para escapar de sus avances, le pidió a su padre que la hiciera cambiar de forma para librarse de él. Y así sucedió. La ninfa se transformó en un árbol de laurel, que a partir de entonces fue dedicado a Apolo.

Engendró al *heros* Ion, progenitor de los jonios, con Creüsa, hija del rey ático Erecteo, a quien había seducido. El *heros* Asklepios era su hijo de su relación con la tesalia Koronis. También fundó la ciudad de Cirene tras raptar a la ninfa atlética Cirene, de la que estaba enamorado, a ese lugar de Libia donde se iba a fundar esta ciudad. Con ella, tendría un hijo llamado Aristaios.

Aparte de sus aventuras con las mujeres, el dios también mantuvo relaciones con hombres hermosos, siendo las más famosas las mantenidas con Hyakinthos y Kyparissos. Cuando murieron, para gran dolor de Apolo, convirtió al primero en una flor (similar a nuestro jacinto) y al segundo en un árbol, el ciprés.

Su aventura menos exitosa fue con la princesa troyana Casandra, que primero había aceptado compartir el lecho con él a cambio del don de predecir el futuro, pero una vez que Apolo le concedió su deseo, se negó a cumplir su promesa. Como Apolo no podía deshacer un don concedido, añadió a su don, como castigo, la restricción de que nadie creyera en sus predicciones.

En las artes visuales

Apolo suele ser representado como un dios joven, alto, fuerte y apuesto, con una mirada majestuosa y ordenada y la cabeza cubierta de mechones rubios y ricamente ondulados. El arte más antiguo le daba el aspecto de un hombre de edad madura, con un físico poderoso y rasgos severos, pero sin barba; el arte griego posterior suele representarlo como un hombre joven.

La estatua más famosa de Apolo, conservada hasta nuestros días, es el *Apolo de Belvedere*, excavado en 1503 cerca de Antium, en la costa del centro de Italia, la actual Nettuno. No se sabe si el artista quiso representar al dios con un arco en la mano izquierda, o con el aigis y en su centro la cabeza de Medusa.

Atributos

De los árboles, como vimos el laurel le fue santificado por encima de todo; de los animales: el lobo, la cierva, el cisne, el delfín, el cuervo, el cuervo y la serpiente (medicina). Sus atributos ordinarios son el arco y las flechas, una corona de laurel, la cítara y la lira.

Sus principales templos fueron los ya mencionados en Delfos, en Delos, más allá en Amyclae y en Clarus, cerca de Colofón.

Ares

Ares estaba asociado al dios romano Marte.

Ares (griego antiguo: Ἄρης, *Arês*; genitivus Ἄρεως, *Areôs*) es una figura de la mitología griega. Es el dios de la guerra y la personificación del espíritu guerrero. El nombre romano de Ares es Marte.

Origen

El dios Ares es hijo de Zeus y Hera (Homero, *Ilíada* V 890; Hesiodo, *Teogonía* 921s.). Según Homero, es el fatídico instigador de la batalla sangrienta, un guerrero asesino, que encuentra el mayor placer en el estruendo de las armas y la carnicería, se lanza con alegría a las filas enemigas, y aclama la caída de los vencidos, los gritos de muerte de los moribundos y la visión del campo de batalla cubierto de cadáveres.

Sin embargo, Ares también encarna las virtudes de la guerra. Homero describe a Meriones, por ejemplo, con las palabras "audaz como Ares", "tan valiente como Ares" (*Ilíada* XIII 295-330, trad. M.A. Schwartz) y "como Ares tan rápido" (*Ilíada* XIII 529). Néstor también se refiere a los soldados griegos en un discurso como "siervos de Ares" *(Ilíada VI 50-85).* Los epítetos que Homero utiliza para describir a Ares también indican su capacidad marcial. El más común es "matador de hombres", pero además se utilizan "manchado de sangre" y "asaltante de muros" (*Ilíada* V 450-460).

También se dice que las guerras no las empieza Ares, sino que Ares llega cuando ya están en marcha. Aunque le gustan las masacres, respeta las reglas.

Se cree que su lugar de nacimiento y su verdadero hogar se encuentran en los confines del mundo griego, entre los bárbaros y belicosos tracios (*Ilíada* XIII 301; Ovidio). Por ello, se retiró a Tracia tras ser sorprendido en la cama con Afrodita. Los dos amantes fueron atrapados en el lecho en el que hacían el amor por una astuta trampa: el lecho que habitualmente compartían Hefistos y su esposa Afrodita. La cama estaba colgada del techo con una red de cadenas de hierro, hecha por Hefistos, que las atrapaba entrelazadas. De este modo, Hefistos consiguió dar a conocer el adulterio (*Odisea* VIII 303-304.). La desgracia hizo que Afrodita y Ares huyeran de Olimpo. Ares se fue a Tracia y Afrodita a Pafos (*Odisea* VIII 348-355.).

Aunque Atenea, hermanastra de Ares, también es un dios de la guerra, Atenea es la diosa de la guerra estratégica, mientras que Ares es más bien el dios de la violencia imprevisible de la guerra con todos sus posibles resultados.

El culto de Ares y las epíclesis

En Tegea, Ares era adorado bajo el epiklese "Gynaikothoinas", es decir, celebrado por las mujeres.Este nombre lo debía al hecho de que Marpessa, cuando su ciudad estaba muy acorralada por los lakedaimonianos, había armado a todas las mujeres y muchachas, que eran capaces de llevar armas para acudir en ayuda de los hombres, obtuvo una brillante victoria, por lo que las mujeres instituyeron una fiesta en honor a Ares, que debía ser celebrada sólo por mujeres (Paus., VIII 48.4.).

Además, también era adorado bajo el nombre de *Ares "Aphneios"*, es decir, el abundante, en el monte Kresios, cerca de Tegea, porque allí permitía que su hijo Aeropos, cuya madre Aerope había muerto al nacer, siguiera bebiendo leche en abundancia del pecho de su madre ya fallecida (Pope., VIII 44.7.). También tenía otro altar en Arcadia, en Megalópolis (Pope., VIII 32.3.) y en el santuario de Despoine, cerca de Akakesion (Pope., VIII 37.12.).

Bajo el nombre de *Ares "Hippios"*, d. i. de los caballos, era adorado junto con *Atenea Hippias* en Olimpia, donde los elíseos ofrecían sacrificios una vez al mes en todos los altares allí presentes (Pope., V 15.6.).

A lo largo del camino de Terona a Esparta, tenía un santuario con el nombre de *Ares "Theritas"* (Θηρίτας), del que Pausanias (III 19.7.) dice que se creía que este epíteto derivaba del nombre de su nodriza Thero - para el que Pausanias ve un origen kolkidiano-, pero más bien creía él mismo que significaba "brutal". Sam Wide sugiere la tesis de que el nombre bien podría ser de origen beocio. Sin embargo, también es posible que se trate de un culto pre-dórico, ya que este santuario más antiguo para Ares se encontraba en Laconia, en la ciudad más antigua de la Grecia continental, Therapne.

En Atenas, la colina *Areios Pagos (Areópago)* que lleva su nombre y el tribunal establecido en ella eran sagrados para él. Sin embargo, él mismo había sido el primero en ser llamado a rendir cuentas en esta colina por los dioses inmortales, ya que él también debía someterse al orden y la ley establecidos. Halirrhothios, el hijo de Poseidón, deshonró a Alkippe, la hija de Ares, que lo atacó y lo mató. Cuando Poseidón llevó al asesino ante el tribunal de los dioses, éstos lo absolvieron de toda culpa.

En general, la gente en Grecia pagaba menos tributo a Ares que a otros dioses, aunque tenía templos, altares y estatuas aquí y allá. Sólo en Tebas y en Tracia, habitadas por tribus feroces, no fue relegado a un segundo plano. Este último país era su favorito, porque los dioses de sus ríos, el Hebros, el Tmolos y el Strimon, se aplicaban a sus hijos, y los sangrientos sacrificios humanos que se le ofrecían allí parecían corresponder perfectamente al carácter sanguinario del dios de la guerra, al menos en los tiempos más duros. En Escitia, donde se le adoraba bajo el símbolo de una espada, la gente le sacrificaba caballos y hombres, cada cien hombres de los prisioneros.

Ares en relación con otros dioses y mortales

Su ferocidad le hizo ser odiado incluso por los dioses inmortales, por su padre Zeus y especialmente por Atenea. Más de una vez esta última lo hirió en la batalla ante Troya, donde ella asistió a los griegos, él a los troyanos. También apuntó la lanza de Diomedes, que consiguió herir al

dios con ella. Entonces gritó tan fuerte como lo harían 9000 o 10000
hombres juntos.

Es conquistado por Atenea cada vez, porque lucha por el deseo salvaje
de luchar, pero sin política, orden o regularidad, mientras que Atenea no
niega la gran capacidad de su mente incluso en la batalla. No le importa ni
lo que está bien ni lo que está mal, ni la salvación de los vencidos, ni los
desastres de los vencidos.

En repetidas ocasiones, Homero lo pinta entrando en batalla de esta
manera, a veces derribando a los ejércitos que tiene delante, otras veces
venciendo él mismo y, como ya hemos visto, saliendo de la batalla herido.
Después de que Diomedes golpeara al dios, se dirigió a Olimpo envuelto
en una niebla, se hizo curar por Paieon y se quejó a Zeus de Atenea, que
le había causado tal difamación, pero Zeus no escuchó su queja. También
la propia Atenea le arrojó una vez al suelo con una pesada piedra, de
modo que cayó al suelo bajo el choque de las armas y cubrió siete
mañanas de tierra con su gran cuerpo, y cuando Afrodita quiso llevárselo
de la batalla, Atenea la golpeó en el pecho con su poderosa mano, de
modo que ella también cayó al suelo. Con Heracles se enfrentó dos veces
en un combate cuerpo a cuerpo. La primera vez que Ares atacó al héroe
después de haber matado a su hijo Kyknos. Corrió hacia Heracles con su
lanza, pero Atenea la desvió y el héroe pudo entonces alcanzar al dios
con su espada. La segunda vez, Zeus separó a sus dos hijos en guerra
con su rayo.

Los hijos de Aloeus, los Aloides Othos y Efialtes, dominaron al feroz dios,
lo cautivaron y lo mantuvieron prisionero en una vasija de cobre durante
trece meses, hasta que Hermes consiguió liberarlo con engaños.
 Aunque Ares era el más salvaje e indomable de todos los dioses del
Olimpo, y el causante de la muerte, la peste y todo tipo de desgracias,
también se decía de él que gozaba del más tierno amor de la encantadora
Afrodita.

Es bien conocido por la Odisea el mito de que ambos fueron una vez
emboscados por el tullido Hefistos, legítimo consorte de Afrodita,
astutamente atrapado en una red ingeniosa y abandonado a la burla de
todos los dioses.

Los hijos de Ares

El hijo más famoso de esta unión clandestina fue la posteriormente
casada Harmonia, la divina Unción, con Kadmos. Así como ésta poseía la

belleza de la madre, los hijos Deimos y Fobos, que, según se dice, habían surgido de la misma unión, tenían la disposición de su padre. También se dice que Eros y Anteros surgieron de esta pareja parental. Ares no poseía una esposa legítima, pero engendró una multitud de hijos de mujeres mortales y ninfas, entre ellos excelentes héroes. El dragón matado por Kadmos también nació de la unión de Ares con la ninfa fuente beocia Tilphossa. Engendró a su hijo Kyknos con Pelopia o Pyrene. Con Enyo engendró a Enyalios. Los gemelos Lykastos y Parrhasios, que tuvo con Filonome, serían los primeros gobernantes de Arkadia. Chryse le dio a su hijo Phlegyas. Con Triteia tuvo un hijo, Melanippos (Pope., VII 22.8.).

Los compañeros de Ares

Cuando se pone su magnífica armadura, sus dos hijos Deimos y Fobos (Miedo y Terror) le traen su carro de oro. Siempre acompañan a su padre, mientras que la discordante Eris, a la que Homero llama hermana y amiga del asesino de hombres Ares (βροτολοιγός / brotoloigós), acelera delante del carro del dios asesino. Enyo, el destructor de la ciudad, por el que él mismo se llama "Enyalios" (Ένυάλιος), también está bestialmente a su lado. También Kydoimos, personificación del bullicio de la batalla, figuraba siempre en su séquito.

Atributos de Ares

Ares tenía una *cuadriga* tirada por cuatro sementales inmortales que respiraban fuego y que estaban coronados con cabelleras de oro (*Ilíada* V 352.). Entre los dioses, Ares se distinguía por su atrevida armadura. También blandía su lanza en la batalla. Sus aves sagradas eran la lechuza común, los pájaros carpinteros y, principalmente, el buitre. También estaban dedicados a Ares el lobo, el caballo, el jabalí y el gallo (véase Alectryo).

Según la *Argonáutica* (II 382 ss. y 1031 ss.; Hyginus, *Fabulae* 30), los "pájaros de Ares" (*Ornithes Areioi*) *eran* una bandada de pájaros con plumas que custodiaban el santuario del dios con las amazonas en una isla costera del Mar Negro. En Esparta, el sacrificio nocturno ctónico de un cachorro a Enyalios se adaptó al culto de Ares.

En el arte griego clásico, sus atributos habituales eran un casco con escudo y una lanza.

Ares en las artes

El hecho de que los artistas trataran de dar a este dios una forma hermosa y así dar una expresión adecuada a las ideas del pueblo griego, ya se puede ver en el hecho de que fue imaginado como el dios más amado por Afrodita. La mayoría de las estatuas que quedan de él lo muestran con rasgos más suaves de lo que cabría esperar del bárbaro y rudo dios de la guerra, porque interpretan precisamente este rasgo más poético del mito de Ares, que él, el más salvaje, el más indomable de todos los dioses, tuvo que inclinarse ante el poder mágico de la diosa del amor.

Suele tener el pelo encrespado y corto, los ojos pequeños, las fosas nasales muy abiertas -signo de pasión- y el cuello y todo el cuerpo musculados. Normalmente se le representa sin barba; sólo los escultores más antiguos lo han representado con barba. Todo su físico y su postura indican fuerza.

Entre los poetas de la tragedia, Ares también aparece como el dios de todas las calamidades, de las enfermedades infecciosas y de los malhechores. Los escritores posteriores le hacen participar en la batalla de los Gigantes. Tras matar primero a algunos de ellos, finalmente tuvo que adoptar la forma de un pez para mantenerse oculto del gran Tifón, que le perseguía.

Algunos rasgos del Ares griego se encuentran en la esencia del dios de la guerra romano Marte.

Artemis

La diosa de la caza y de los animales salvajes y la vegetación

Los antiguos romanos la identificaban con su diosa Diana.

Artemisa (griego antiguo: Ἄρτεμις) es una diosa de la mitología griega. Se encontraba entonces entre los 12 dioses del panteón griego, donde es hija del dios principal Zeus y de Leto y hermana gemela de Apolo. Los romanos equiparaban a Artemisa con su diosa Diana.

Nacimiento

Cuando Hera, la esposa de Zeus, descubrió que Leto estaba embarazada de su marido, Hera desterró a Leto a la isla flotante de Delos. La isla estaba rodeada de cisnes. Artemisa nació primero y luego ayudó a su madre a dar a luz a Apolo.

La venganza de Hera fue dulce. Hizo sufrir a Leto durante nueve días y nueve noches en el nacimiento de Apolo. Hay varias versiones de esta historia. Por ejemplo, según el *himno homérico a Apolo* (3), Leto vagó por todo tipo de regiones e islas que, sin embargo, no se atrevieron a recibirla. Finalmente, llegó a Delos, donde profetizó que un templo de Apolo traería riqueza a la isla. Ante esto, Delos permitió a Leto dar a luz a sus hijos allí.

Diosa de la caza

Artemisa es la diosa de la caza, de las mujeres y también diosa de la luna. Su función más antigua era la de gobernante de la caza, un tipo de dios que estaba especialmente extendido en las zonas de Oriente Medio, pero ya Homero la describe como la diosa de la caza. Se la representa con un arco y una flecha de plata (hechos por Hefistos), con una cierva a su lado, y también a menudo con la luna. A veces, la luna se representa en su frente con dos pequeñas puntas (las puntas de la luna recién estrenada, que también parece un arco). Acompañada por sus ninfas, recorrió las montañas y los bosques de Arcadia y Lacedaemonia; de los animales, la cierva y el oso le eran especialmente queridos. Otros atributos asociados a Artemisa son la oca, los perros salvajes y, especialmente en Delos, el olivo. El apodo de Artemisa es Dhelia, que recibe su nombre de la isla de Delos.

Artemisa es también la diosa de la mujer embarazada, aunque ella misma siempre se mantuvo virgen. Permaneció virgen por su propia voluntad, para lo cual, además, su padre Zeus le dio permiso. Por lo tanto, sus sacerdotisas son mujeres solteras. Artemisa era especialmente venerada en la boscosa Arcadia. Al ser virgen, era también la diosa protectora de la castidad.

Guerra de Troya

Artemisa estuvo en el inicio de la Guerra de Troya porque se aseguró de que no hubiera viento cuando Agamenón quiso zarpar para ir a Troya. Esto se debió a que sus hombres habían matado una cierva dedicada a Artemisa. Artemisa obligó a Agamenón a sacrificar a su hija Ifigenia para conseguir un viento favorable. A Odiseo se le ocurrió enviar una carta a Clitemnestra y a sus hijos para que se le permitiera a Ifigenia casarse con Aquiles. La familia acudió enseguida y allí tuvo que escuchar la noticia de que había que sacrificar a alguien. Esto naturalmente despertó la ira de su esposa Klytaimnestra. Este hecho se encuentra de nuevo al principio de las leyendas que rodean a Orestes. Sin embargo, en el último momento,

Artemisa salvó a la muchacha y un ciervo fue sacrificado en su lugar. Ifigenia fue llevada por Artemisa a un lugar alejado de su familia (que a estas alturas también pensaba que su hija había muerto), se convirtió en sacerdotisa de Artemisa. Después de la guerra de Troya, Clitemnestra mató a Agamenón en su baño porque nunca le había perdonado.

Atributos

Artemisa se parece a su hermano gemelo menor, Apolo, en muchos aspectos. Ambos tenían un arco y flechas que nunca fallaban. También se la representa a menudo con un ciervo.

Niobe

Además de cazadora, Artemisa era en muchos aspectos la viva imagen de su hermano Apolo: también ella actuaba de forma punitiva contra los infractores de la ley y los mataba con sus flechas. Es famosa la historia de cómo ella y su hermano gemelo Apolo mataron a los hijos de Niobe, porque esta última se jactaba de haber tenido más hijos que la madre de Artemisa, Leto. Apolo mató a Niobe sus siete hijos, y Artemisa a sus siete hijas

Aktaion

El cazador Aktaion tenía cincuenta perros de caza. Un día fue a cazar con sus perros. Cuando tuvo sed fue a beber a un arroyo, pero al hacerlo vio accidentalmente a Artemisa que se bañaba allí desnuda, rodeada de sus ninfas. Artemisa vio que Aktaion la espiaba y lo convirtió en un ciervo. El ciervo Aktaion huyó, pero no logró escapar de sus propios sabuesos y tuvo una muerte espantosa.

Orion

La cazadora Orión los mató con su flecha. La historia más común cuenta que Artemisa y Orión se amaban. Su celoso hermano gemelo Apolo no podía soportar que su hermana virgen tuviera un amante y la engañó, así que mató a Orión pensando que era una especie de animal de caza. Más tarde, le dio a Orión un lugar entre las estrellas y le regaló su perro de caza favorito, Sirio.

Según otra historia, Artemisa mató a Orión cuando intentó violarla. Mató a muchos otros que intentaron violarla a ella o a otras mujeres.

Según otra historia, Artemisa le envió un escorpión venenoso después de que Orión se jactara de que iba a destruir todos los animales de la tierra.

La *Bibliotheca* de pseudo-Apolodoro de Atenas dice del asunto de Orión:

Artemisa mató a Orión en Delos. Dicen que nació de la tierra y que tenía un cuerpo enorme; pero Ferécides lo llama hijo de Poseidón y Euríale. Poseidón le dio la capacidad de caminar sobre el mar. Primero se casó con Side, que fue arrojada al reino de Hades por Hera tras una disputa por la belleza. Más tarde, cuando llegó a Quíos, cortejó a Mérope, la hija de Oenopion. Pero Oenopion lo emborrachó y lo cegó mientras dormía, tras lo cual lo arrojó a la playa. Sin embargo, se dirigió a la herrería de Hefesto, secuestró allí a un niño, lo puso sobre sus hombros y le ordenó que le indicara cómo caminar hasta la salida del sol. Cuando llegó allí, el efecto curativo de los rayos del sol devolvió la luz a sus ojos y se volvió a la velocidad del rayo para vengarse de Oenopion. Pero Poseidón había hecho una casa para él bajo la tierra por Hefesto. Eos se enamoró de Orión y lo secuestró para llevarlo a Delos; de hecho, Afrodita se encargó de desearlo constantemente porque Eos había compartido el lecho con Ares. Orión, según algunos, fue asesinado cuando desafió a Artemisa a un concurso de lanzamiento de disco, pero otros dicen que fue disparado con flechas por Artemisa cuando quiso violar a Opis, una de las muchachas del país de los hiperbóreos que se había unido a ella.

Atenea

La diosa de la guerra, la sabiduría y la artesanía

Los romanos identificaban a su diosa Minerva con Atenea.

Palas Atenea (también **Atenea** o **Athene**) (Ático: Παλλὰς Ἀθηνᾶ, *Pallás Athêna*, Ἀθήνη, *Athénē*) es una de las principales diosas del panteón griego. Tenía varias funciones: era diosa de la guerra controlada y de la paz. También era diosa de la sabiduría (filosofía), de la civilización, de la comunidad política de la ciudad y protectora de varias ciudades griegas, especialmente de Atenas. También era la diosa protectora de los artesanos (artesanía, como el tejido) y de los artistas.

En la mitología, se la conoce como Atenea *Parthenos* (la Virgen) y el Partenón fue dedicado a ella.

Etimología y origen

El nombre de Atenea es posiblemente de origen lidio. Posiblemente se trate de una palabra compuesta, derivada en parte del tirreno "ati", que significa "madre", y del nombre de la diosa hurrita "Hannahanna", que a menudo se acortaba a "Ana". En micénico, posiblemente aparezca en una

44

única inscripción en tablillas lineales B: *A-ta-na-po-ti-nin-ja /Athana potniya/* aparece en un texto de la "Cámara de las Tablas de Carros" del Minoico Tardío II de Cnosos, que es el archivo más antiguo de la Línea B. Aunque a menudo se traduce como "Señora Atenea", significa literalmente "*potnia* de At(h)ana", posiblemente con el significado de "señora de At(h)ana"; pero no está claro si existe alguna relación con la ciudad de Atenas. También encontramos *A-ta-no-dju-wa-ja /Athana diwya/, esta* última parte es la grafía de la línea B de lo que conocemos en griego antiguo como *Diwia* (*di-u-ja* o *di-wi-ja* micénicas), la llamada "divina" Atenea, que también era tejedora y diosa de la artesanía (véase *dyeus*).

En su diálogo *Cratylus*, Platón da la etimología del nombre de Atenea basándose en la opinión de los antiguos atenienses, de *A-theo-noa* (Α-θεο-νόα) o *E-theo-noa* (Η-θεο-νόα) que significa "el espíritu de Dios" (*Cratylus* 407b). Platón, al igual que Heródoto, señaló que los habitantes de Saïs, en Egipto, adoraban a una diosa cuyo nombre egipcio era Neith; la identificaban con Atenea (*Timeo* 21), (*Historias* II 170-175.)

Neith (literalmente "tejedora", que significa "he salido de mí misma") era una diosa de la guerra y la protección y madre del dios cocodrilo Sobek. Neith también se llamaba Anatha y Ath-enna. Neith era el espíritu detrás del velo, que ningún mortal podía ver directamente.

La diosa estaba estrechamente asociada al Ática y a Atenas y allí gozaba de la mayor veneración, pero esto no excluía que su culto se extendiera por toda Grecia. Casi todos los paisajes le otorgaron un papel importante en sus leyendas, Argos en las de Perseo y Diomedes, Corinto en las de Belerofonte. Especialmente el paisaje beocio se distinguía por la gran veneración a la diosa (también había una ciudad llamada Atenas). En el lago Kopaïs, especialmente en la ciudad de Alalkomenai, su culto fue muy apreciado desde los tiempos más antiguos. Muchos de sus templos más famosos se encontraban también en las costas de Asia Menor, en la tierra de Troya y en Lidia. En resumen, allí donde los griegos se habían establecido, ya sea en Asia o en Libia, en Italia o en Sicilia, Atenea era adorada como una diosa digna, marcial y benéfica.

Palas Atenea

En cuanto a su nombre, parece que hay que distinguir entre Atenea y Palas Atenea, ya que entre los poetas Hesiodos y Homeros se la llama muy a menudo.

El nombre de *Palas* parece haber sido añadido originalmente como adjetivo elogioso antes de Atenea, designándola como la diosa que empuña la lanza, una representación simbólica de su poder sobre el rayo. Su *epíclesis* Pallas (Παλλάς / *Pallás*) proviene probablemente del verbo griego pallein (παλλειν / *Pallein*; "blandir la lanza") y significa por tanto algo así como "la que blande la lanza".

El nombre también puede estar relacionado con Palas, una amiga de Atenea, o con el gigante Palas, que fue derrotado por Atenea durante la Gigantomaquia.

Mitos de origen

También los mitos relativos al origen de Atenea la denotan como una diosa que posee un tremendo poder sobre todos los fenómenos de los cielos, pero también como una diosa encantadora, que reparte bendiciones por todas partes haciendo fértiles los campos, multiplicando y educando el sexo de los hombres, y todo ello sin renunciar a nada de su pureza totalmente única.

Atenea Tritogeneia

En cuanto a los orígenes de la diosa, circulaban varios mitos. Un antiguo apodo de Atenea era *Tritogeneia*. Este nombre la designa como una diosa nacida del agua, y esto es muy natural, ya que según Homero todas las cosas y todos los dioses deben su origen al agua. La masa de agua, llamada Tritón, y representada en un mito como un lago, y en otro como un río. A veces se imaginaba que el lugar estaba en Beocia, a veces en Tesalia, sí, la mayoría de la gente incluso lo imaginaba en África, en Libia, donde se dice que Atenea surgió del mar. Esta idea se basaba en el hecho de que a partir del agua que brotaba de las profundidades y a través de ella se creaba el aire, el cielo y todos los maravillosos fenómenos que se producen en el cielo, por lo que Atenea era venerada con mayor frecuencia, o al menos con mucha frecuencia, en las orillas de los lagos o ríos. Esto ocurría especialmente en Beocia, por ejemplo en la ya mencionada ciudad de Alalkomenai. En Arcadia y Lidia, completamente aisladas del resto de Grecia por las montañas, esta Atenea *Tritogeneia*, la diosa que surgió de las aguas, también era tenida en gran estima.

Atenea Obrimopatrê

Un mito totalmente diferente relativo a su nacimiento ha relegado este primero completamente a un segundo plano. Ya la *Ilíada* de Homero conoce a Atenea como la hija más querida de Zeus. Es la única de sus hijos que goza de su mayor confianza; todas las dificultades que Zeus tiene que superar son superadas por sus acciones. Zeus le habla como a sí mismo. Los dos son uno. Por eso se la llama *Obrimopatrê*, "la hija de un padre fuerte". Esta íntima relación entre Atenea y Zeus se expresa simbólicamente en la historia más famosa que circula entre los griegos sobre su nacimiento, a saber, que supuestamente nació de su padre.

Zeus, según esta saga, había devorado a su primera consorte, la diosa y titán Metis (esto es "la sagaz"), la hija de Okeanos y Tetis, porque temía que le diera, después de una hija, un hijo, que le privara de nuevo del dominio del mundo, que había adquirido con tanto esfuerzo. Como resultado de este acto, al cabo de un tiempo dio a luz a Atenea o Palas Atenea, que salió de su cabeza completamente crecida y armada. Cuando llegó el momento de que viera la luz del día, Hefistos tuvo que abrirle la cabeza a Zeus para aliviarle de un insoportable dolor de cabeza, y ahora salió de ella con su lanza en alto, cantando una canción de guerra. El nacimiento de *Palas* Atenea, que también sería la gran diosa de la guerra, estuvo acompañado por una tremenda alteración de la naturaleza, un violento terremoto y un rugido igualmente violento del mar. Ya en la época minoica (3er milenio a.C. - 1200 a.C.) se la veneraba como diosa de la guerra.

Dado que Atenea surgió con una armadura completa de la cabeza de Zeus, está naturalmente destinada a ser diosa de la guerra; pero no está a la altura del feroz Ares. Ella protege al Estado, que está comprometido en una guerra, cuando ésta debe servir para repeler legítimamente el ataque de extraños, o también, cuando se emprende en aras de intereses superiores y una dirección hábil y juiciosa de la guerra puede traer beneficios al Estado. Atenea, en contraste con Ares, "representa la batalla conducida con maestría, razón y perspicacia estratégica".

Si depone las armas, entonces hay paz en la tierra. El mito lo indica al contar que, tan pronto como ella, habiendo salido de la cabeza de su padre, dobló la lanza levantada hacia la tierra, el cielo se despejó. En la isla de Rodas, la gente sabía hablar de una lluvia dorada, que Zeus había derramado sobre la isla en su nacimiento, lo que es, por supuesto, una expresión simbólica para el descenso de la luz pura del *éter* sobre la tierra.

Atenea glaukios

Atenea *glaukios es* un apodo que los poetas suelen dar a Atenea. *Glaukopis*, es decir, "la diosa de los ojos brillantes" y el búho, que comparte esta característica con ella, y que siempre se representa como su fiel compañero, también se refieren a la diosa luminosa del *éter* puro y claro.

Atenea Promachos

Si ahora prestamos atención al significado de Atenea como diosa ética, si examinamos sus relaciones con la vida y el trabajo de la humanidad, debemos considerarla primero como diosa de la guerra. Son sobre todo los himnos y sagas más antiguos los que ponen de relieve este rasgo de su ser. Se la veneraba en la Acrópolis de Atenas con una enorme estatua como Atenea Promachos, es decir, como la diosa que protegería y defendería la ciudad incluso en la batalla. En Beocia, en Macedonia, era especialmente la diosa de la guerra, a la que se rendía homenaje. Por ello, se la menciona a menudo junto a Ares. Los mayores héroes de la antigüedad estuvieron bajo su constante protección. Perseo y Belerofonte, Tideo de Etolia, Iasón descendiente de la tribu de los Mineros y el *héroe* nacional de toda Grecia, Heracles, gozaron de su apoyo y protección. En la guerra de Troya, estuvo fielmente al lado de Aquiles, Diomedes y Odiseo.

A veces sube al carro con los héroes, derribando con su lanza todo lo que se interpone en su camino, incluso haciendo ceder a aquellos dioses que son inferiores en fuerza a ella. Su valentía siempre la acompaña, pero no menos su presencia de ánimo; incluso en el peligro más extremo se mantiene tranquila y sin miedo. Aunque la diosa participa en la batalla con el mismo fanatismo que Ares, Atenea se preocupa más por las estrategias que por el derramamiento de sangre. Y cuando la batalla ha terminado y el peligro ha pasado, ella refresca, fortalece y recompensa a los héroes, a quienes ama y que se han comportado dignamente con ella.

Diosa del arte

Atenea también gozaba de gran honor como diosa de los trabajos y las artes de la paz, haciendo felices a los que la honraban y especialmente a su país favorito. Lo hizo, en primer lugar, cuidando del bienestar físico de los habitantes. Especialmente en la saga de Erichthonios, se hace referencia a la doble bendición que otorgó al Ática mediante la prosperidad de los frutos y el glorioso crecimiento de la efebia. Es, pues, la protectora de la efebia. Sí, más que eso. Se consideraba que una visita de su sacerdotisa promovía el matrimonio. A los niños pequeños se les

colgaban serpientes de oro en recuerdo de la milagrosa historia de
Erichthonios. Se las había quitado a Gaia (la Tierra), su madre, para que
lo cuidara y amamantara. Del mismo modo, sigue cuidando de los niños.
En Delos, la gente sabía cómo había asistido a Leto cuando éste dio a luz
a Apolo y Artemisa.

Atenea también era diosa de la artesanía, como el tejido. El mito de
Aracne está relacionado con esto.

Atenea Hygieia

Pero como diosa de los cielos despejados y del aire limpio y saludable,
también se la veneraba como Atenea *Hygieia*, la diosa de la salud. Las
enfermedades eran evitadas por ella. Aseguró la preservación y
propagación de la raza humana. En la época de Perikles, se dice que se
le dedicó una estatua para la recuperación de un escultor que se había
caído de un andamio mientras trabajaba en el Partenón.

Atenea Polias

Y mientras el hogar, la familia, estaba bajo su cuidado, naturalmente
también se convirtió en la diosa que protege y vigila la unión mayor de los
hombres, el estado, en el que se basa el hogar. Se la llamaba *Polias* en
calidad de tal, no sólo en Atenas, donde el antiguo templo de Atenea
estaba dedicado a ella, sino también en otros lugares de Grecia. Con ella,
los miembros de la *Boulè* de Atenas hacían sus juramentos en el altar
dedicado a ella, también llamado Gran Altar de Atenea.La referencia más
antigua al altar se refiere al año 632 a.C.

El Partenón era su principal santuario, de *parthenos* (virgen).

Como buen espíritu, estuvo presente en la *ekklèsia*. La antigua corte de
los Areópagos había sido fundada por ella, y con esa fundación había
logrado reconciliar a las Erinyes, que antes habían sido diosas de la
venganza, y las había convertido en Euménides, deidades benévolas que
deseaban extender la bendición y la prosperidad sobre la tierra. Los
areópagos absolvieron a Orestes del asesinato de su madre Clitainestra.

Incluso allí donde las tribus griegas estaban más estrechamente unidas
por una alianza, era Atenea la que estaba a la cabeza de dicha alianza,
apoyándola y protegiéndola en todas partes con consejos y acciones.

49

Además, la gente atribuía a Atenea la introducción de algunas ramas de la cultura y de algunas artes. En primer lugar, hay que mencionar aquí el cultivo del olivo. Su cultivo está vinculado a la leyenda de la lucha de Atenea con Poseidón por la posesión del Ática. Cuando se pelearon por esta posesión, Zeus decidió que el paisaje se entregaría a aquel que le otorgara el regalo más útil. Poseidón creó entonces el caballo (salvaje) o, al golpear la tierra con su tridente, una fuente de agua salada (o salobre), Atenea el olivo. Los dioses concedieron el premio a Atenea y desde entonces el olivo fue sagrado para ella por encima de todos los demás árboles. El árbol, que ella había creado, se encontraba en las inmediaciones del Erecteión y tenía una fuerza vital que no podía ser destruida.

Cuando los persas quemaron el templo y el árbol tras la conquista de la ciudad bajo Jerjes, inmediatamente brotaron nuevos árboles del suelo. Algunos olivos dedicados a la diosa se encontraban también en otros lugares del Ática, por ejemplo, en la Akademeia, un jardín a poca distancia de Atenea, había doce olivos, que o bien debían su existencia directamente a Atenea o bien se pensaba que eran partes del olivo de la Acrópolis. También fuera del Ática, este árbol era santificado a Atenea.

Atenea Erganê

Debido a las diversas artes cuya introducción se le atribuyó, recibió el apodo de *Erganê, es decir,* "experimentada en todas las artes", principalmente en el tejido y el hilado. Homero menciona muchas veces las obras artísticas de Atenea, de ropas adornadas, que había hecho para sí misma o para los héroes que protegía. En Asia Menor, esto dio lugar a la saga de su concurso con Aracne, que había intentado igualar a la diosa en habilidad artística y había sido transformada en araña como castigo.

De aquí también, que el mayor regalo, que le traían anualmente los atenienses, consistía en una túnica bellamente elaborada (*peplos*). También las mujeres troyanas -el servicio de la Atenea troyana, por cierto, tenía mucho en común con el griego- para reconciliarse con la diosa le ofrecían la más limpia de sus ropas.

Pero no sólo enseñó a los hombres a hilar y a tejer, sino que también les dio el rastrillo y el arado y les enseñó a usar el toro en la agricultura; todo el trabajo artístico, especialmente el que se dedica a la fabricación de joyas femeninas, tuvo su origen en Atenea; sí, incluso el carpintero, el orfebre, el carretero, el alfarero y el carpintero de barcos no podían hacerlo sin su ayuda. El poeta romano Ovidio añadió el batán, el pintor, el zapatero, para indicar que todos los artistas y todos los artesanos debían recibir ayuda y apoyo de ella.

Además, se le atribuyen inventos en los campos de la música y la danza. Ella fue la primera en tocar la flauta, y Lidia y Beocia compitieron por el honor de haber escuchado por primera vez sus tonos. Una leyenda, que tal vez debió su génesis a esta rivalidad, contaba que Atenea había dejado de tocar la flauta al ver en las aguas de un arroyo que la hinchazón de sus mejillas desfiguraba su rostro. La flauta que había tirado fue encontrada y tomada por el Silenciado Marsyas. Sin embargo, cuando empezó a jugar con ella, fue castigado por Atenea.

También inventó la trompeta marcial. También había una danza marcial, la *pírrica*, que ella misma había bailado por primera vez para celebrar la victoria sobre los Gigantes y que, por tanto, se volvía a representar cada año en su honor en las Panateneas.

Diosa de la sabiduría

Por último, ella, la diosa del *éter* puro y claro, es también la diosa de la claridad mental, de la deliberación tranquila y serena. Precisamente por eso es la diosa protectora del reflexivo e ingenioso Ulises, por eso acude a exhortar al primero a la calma y la compostura en la batalla entre Aquiles y Agamenón, por eso se ha convertido en la diosa de los sabios y de todos los practicantes de la ciencia. Este rasgo de su ser era especialmente destacado en Atenas. Esto se explica por la gran pureza y claridad del aire del Ática, que también tenía un efecto favorable sobre las facultades de la mente. Fue también esta cualidad la que unió a Atenea con su padre Zeus con los lazos más estrechos. Ella es, por así decirlo, la personificación de la sagacidad de Zeus. Sin embargo, esto no le impide participar a veces en astutos planes ideados contra su padre.

Relación con otros dioses y mortales

Hephaistos

Una de las leyendas más antiguas que los atenienses sabían contar sobre su diosa era la del amor de Hefesto por ella. Aunque la diosa rechazó las propuestas del dios, el ardiente deseo de éste de poseerla dio lugar a un ser, mitad serpiente y mitad hombre, llamado Erecteo o Erichthonios. El germen, que una vez iba a dar a luz a este ser, fue, según la historia, envuelto por Atenea en un vellón de lana y arrojado a la tierra. Está claro que se trata de una representación figurativa de un fenómeno natural muy corriente. Desde el fondo caliente de la tierra, representado aquí simbólicamente por Hefistos, los vapores impuros suben al *éter* puro. Esta no es profanada por ellos, sino que permanecen envueltos en una nube nublada, colgando abajo hasta que descienden de nuevo a la tierra como lluvia fecundante.

Ares

Hay una gran diferencia entre ella y Ares, el dios de las batallas feroces. A Atenea no le interesa la lucha: no se precipita a la refriega más salvaje, sino que la calma, la deliberación y la determinación le otorgan la victoria cuando va a la guerra en defensa de los derechos sagrados o para conseguir una causa noble. En este sentido, es lo contrario de Afrodita. Atenea es la diosa poderosa y fuerte, mientras que Afrodita es la diosa impotente que no entiende el arte de la guerra. Esta Atenea siempre trae la victoria. Por tanto, es casi idéntica a Nike, la diosa de la victoria. Atenea ganó una vez una guerra a Ares, lo que resolvió su relación.

Poseidón

También se la venera junto a Poseidón porque, al igual que él, es una deidad que se deleita con los que se dedican a la navegación y con los que saben domar la impetuosa fuerza del caballo y hacer que les sirva. Como *Hippia*, la diosa de los caballos y los jinetes, se le rendía culto en una colina de Kolonos, un lugar en las inmediaciones de Atenas; en el extremo sur del Ática, en el promontorio del cabo Soenion, se la honraba como diosa protectora de los que navegan por el mar. En Atenas había enseñado a Erichthonios a enjaezar caballos; en Corinto contaban que había enseñado a Belerofonte a domar al caballo alado Pegaso. En varios lugares, la gente la alababa a ella y a Poseidón como las deidades que se encargaban de la cría de caballos y enseñaban a la gente a servirlos. Se dio a conocer como protectora de los marinos cuando construyó la nave de cincuenta remos para Danaos, con la que huyó de Egipto a Grecia. También cuando construyó o ayudó a construir el Argo, la nave con la que Jasón y los suyos salieron a recuperar el Vellocino de Oro de Cólquida. Incluso el caballo de Troya, que fue construido por o por consejo de Atenea y se convirtió en el medio por el que los griegos entraron finalmente en la ciudad, se relaciona con esta faceta del ser de la diosa. Por supuesto, todas estas representaciones se relacionaron inmediatamente con las nubes, que se manifiestan en el *éter* y que tan a menudo se comparan con caballos rápidos o barcos veloces. Después de que Atenea atrapara a Poseidón y a Medusa en su templo, se dice que hizo que este último la convirtiera en una gorgona, lo que arregló aún más la relación con Poseidón.

Afrodita

Porque, como a continuación, Afrodita consiguió la manzana de oro y no Atenea, su relación es mala. Además, a Afrodita no le gusta que Atenea sea virgen. Una vez, cuando Atenea encontró a Afrodita detrás de un telar, se puso furiosa porque consideraba que tejer era un oficio demasiado bello y que estaba profanado cuando Afrodita lo hacía. Se dice que Afrodita nunca hizo nada que se pareciera a trabajar después de eso.

Guerra de Troya

Atenea tomó partido contra los troyanos en la Guerra de Troya, porque no podía perdonar a Paris por no haberle concedido la manzana de oro, que estaba destinada a la más bella de las diosas. En consecuencia, no sólo París, sino todos sus compatriotas sufrieron su odio y persecución. En esta guerra, librada por los mortales pero provocada por las luchas entre los dioses, Atenea incluso se puso en contra de algunos de sus compañeros dioses, que se pusieron del lado de los troyanos en la batalla.

Sin embargo, Atenea también era adorada en Troya. Los troyanos poseían el *Paladión de* madera y mientras tuvieran esa estatua de Atenea, Troya seguía siendo invencible. Sin embargo, Odiseo y Diomedes lograron capturar la estatua. Kassandra, tras la guerra, buscó refugio con otra estatua de Atenea, que fue derribada por Áyax. Este atropello provocó una desastrosa retirada de una parte importante del ejército expedicionario griego. Poseidón obstaculizó la retirada de Odiseo, mientras que el "astuto" héroe siguió contando con el apoyo de Atenea durante su viaje de regreso a Ítaca.

Hijos de Atenea

Atenea es virgen, pero también puede tener hijos con mortales (humanos). A menudo regalaba esos niños a su nuevo amor. Atenea podía hacer nacer a sus hijos de su cabeza, manteniéndola virgen. Todos los hijos de Atenea son odiados por las arañas porque Atenea convirtió a la entonces tejedora mortal Aracne en una araña.

Cuando Atenea fue asediada por Hefistos, lo rechazó con éxito, pero su semilla cayó sobre su muslo. Se limpió la semilla y cayó al suelo. De la
53

tierra fecundada nació Erichthonius. Atenea lo adoptó como hijo y lo confió, en una cesta de mimbre ática, a las tres hijas de Cecrops: Herse, Pandrosos y Aglauros. No se les permitió mirar dentro de la cesta, pero Aglauros deshizo los nudos y dentro de la cesta vieron un bebé con un monstruo serpiente a su lado. Más tarde, Aglauros fue llevado a los celos por Atenea y convertido en piedra por Hermes.

Influencias no griegas en la estatua de Atenea

Es difícil determinar hasta qué punto el servicio de la diosa egipcia Neith o la mitología fenicia influyeron en la formación y el desarrollo originales de las representaciones de los griegos sobre *Palas* Atenea. Lo que sí es cierto es que la figura de Atenea, tal y como se nos presenta en los poemas de Homero, tiene un carácter genuino y peculiarmente griego y que no se puede reconocer en ella ningún rastro de influencia extranjera.

El culto a Atenea se remonta a la antigüedad; el nombre no es griego y no puede explicarse satisfactoriamente, como tampoco algunos de los antiguos títulos honoríficos que llevaba la diosa en las epopeyas de Homero. Su carácter es ambivalente: era, por un lado, la damisela marcial, diosa de la guerra, que apoyaba la lucha valiente y ordenada en defensa de la patria y la ley, marcando el camino en la batalla y otorgando la victoria; héroes legendarios como Aquiles, Diomedes y Odiseo estuvieron bajo su cuidado.

Por otro lado, Atenea era la diosa de la prosperidad y la paz, la dadora de todo lo que caracteriza a la sociedad civilizada. Defendía la ley y el orden, era la protectora de la asamblea pública y enseñaba a los hombres a manejar el arado y el fuego y a enjaezar los caballos; además del arte y la ciencia, era especialmente aficionada a la artesanía femenina.

Atributos y símbolos

La misma representación metafórica, que subyace en estos relatos sobre el nacimiento de Atenea, se encuentra también en sus principales atributos y símbolos, la *Égida* y el *Gorgoneion*; la *Égida*, el escudo, o la armadura, o el manto, que Zeus y Atenea poseen juntos, el Gorgoneion, la cabeza del Gorgo Medusa colocada en el centro de la misma, ambas representaciones de la densa nube, que contiene el trueno y el rayo, y por tanto también de la oscuridad, de la que nace la luz. Aunque la cabeza de Gorgo obtuvo su lugar en el Aigis, que pertenecía a Zeus, fue sin embargo entregada a Atenea por Perseo y fue por lo tanto uno de los atributos, sin los cuales la diosa nunca fue imaginada o representada.

Esto es especialmente cierto en el caso de la representación de la diosa en Atenas, y en primer lugar en la Acrópolis de Atenas, la fortaleza de la ciudad, que durante mucho tiempo se ha dedicado por completo al servicio de esta diosa. En el muro sur de la Acrópolis se podía ver una gran cabeza de Medusa dorada sobre una *Aigis*, que servía para indicar el terror con el que Atenea, como *Promachos*, como diosa protectora de su ciudad favorita, expulsaba a los enemigos de sus muros.

El búho, la serpiente y el gallo también fueron santificados para ella. El olivo fue dedicado a ella.

Atenea se representa con una armadura completa, con égida (piel de cabra con serpientes), casco, escudo, espada y/o lanza. La cabeza de Medusa se lleva en la égida, la coraza o el escudo.

Fiestas

La estrecha relación que guarda con ese *éter se* desprende también de las ceremonias simbólicas de varias de sus fiestas. En ningún lugar se celebraban estas fiestas (*Panathenaia*) en mayor número y con mayor pompa que en el Ática, especialmente en Atenas. En la Acrópolis, tenía dos templos, llamados el Erecteión y el Partenón. De ambos han llegado a nuestros días restos significativos. En el Erecteión se conservaba la estatua de madera más antigua de Atenea, que se dice que cayó del cielo, y los recuerdos de su batalla con Poseidón por la posesión del paisaje del Ática. El Partenón era, como su nombre indicaba, el templo de la "diosa virgen". Allí se encontraba su estatua más famosa, realizada por Feidias (c. 431 a.C.), entre otras esculturas, los fondos estatales y los archivos del Estado.

Ni que decir tiene que Atenea, como diosa de la naturaleza, ejercía una gran influencia en la agricultura, en el florecimiento de la semilla, por lo que se la invocaba de diversas maneras durante el año y se la honraba con diversas fiestas. En la época de la siembra se honraba principalmente a Deméter, pero de los tres arados sagrados, con los que se daba la señal de que había llegado la época de la siembra, dos estaban dedicados a Atenea (*Skiras* y *Polias* respectivamente). Incluso cuando la fruta germinaba, la gente se dirigía a Atenea para que la bendijera. Además, toda una serie de ceremonias y costumbres, en su mayoría de carácter sombrío, a través de purificaciones y expiaciones, imploraban la ayuda de las deidades del *éter* contra el calor abrasador de los rayos del sol en época estival. Entre ellos se encuentran los Plynteries y los Kallynteries, celebrados en el mes de *Thargelion* (mayo). A continuación, se retiraba el *peplos*, la túnica bellamente elaborada, de la antigua estatua de la diosa y se lavaba la propia estatua, una ceremonia que no sólo hacía referencia a la limpieza, sino también a la humedad tan necesaria para los campos de siembra de aquella época. En julio se celebró la Skirophoria. Luego se cubrió la estatua de Atenea con yeso, con arcilla de cal. Luego se celebraba una gran procesión, durante la cual los sacerdotes y sacerdotisas llevaban grandes sombrillas para protegerse del calor del sol. También en esta fiesta se buscaba la protección de Atenea contra los efectos nocivos de los abrasadores rayos del sol. Asimismo, la fiesta de la Ersephoria o Arrephoria (para la que se construyó el Arrephorion) estaba asociada a Atenea como diosa de la naturaleza, y lo mismo puede decirse de la mayor fiesta que se celebraba en honor de la diosa en Atenas en la época de la cosecha, la de las Panateneas. En esta fiesta, que no fue ni remotamente igualada en esplendor por ninguna de las otras, el significado ético de Atenea pasó gradualmente a primer plano. Sin embargo, los dones que había otorgado como diosa de la naturaleza permanecieron en la memoria, especialmente el regalo del olivo. Los ancianos y las mujeres llevaban ramas de olivo en sus manos en la procesión solemne que se celebraba con motivo de las Panateneas, y los que habían triunfado en el concurso de esta fiesta eran coronados con ramas de olivo del árbol sagrado y eran recompensados con ánforas que contenían aceite extraído de ese árbol. Por último, en la época de la vendimia entre los oscoforianos, además de las deidades a las que la viticultura era más particularmente querida, también se recordaba con gratitud a Atenea como la diosa que otorgaba la bendición y la fertilidad a todo el paisaje.

Las artes visuales

En todas las regiones habitadas por los griegos, la diosa era representada con frecuencia. De las estatuas más antiguas, cuya pose no poseía aún la soltura y la naturalidad de las últimas obras de arte de la Antigua Grecia, algunas representaban a la diosa sentada, como diosa de la paz, generalmente con una rueca a su lado. Otras estatuas la mostraban con la lanza alzada y el escudo extendido como diosa de la guerra. Estas estatuas se llamaban comúnmente *paladianos*. De su constante posesión dependía la salvación y la preservación del Estado. Dicho *Paladión* fue robado a los troyanos por Odiseo con la ayuda de Diomedes.

Atenas, Argos, la mayoría de las ciudades de la baja Italia, pero también Roma, se jactaban de poseer un *paladión de* este tipo. Se decía que esas estatuas habían caído del cielo, y sobre su hallazgo y los excéntricos destinos y andanzas de algunas de ellas circulaban un gran número de leyendas.

Entre esas estatuas más antiguas se cuenta también la de Atenea, que se encontró cerca del templo de la diosa en la isla de Egina en 1811 y que actualmente se conserva en la gliptoteca de Múnich.

Hasta qué punto la imagen de Atenea era conocida por todos los griegos, al menos por todos los atenienses, lo demuestra la historia de que Peisístratos, expulsado de Atenas, se hizo traer de vuelta a la ciudad en un carro, sentado junto a una mujer adornada con todos los atributos de la diosa Atenea, y que los atenienses lo acogieron, pensando que su propia diosa lo había traído de vuelta.

Las estatuas posteriores de Atenea, más bellas, eran todas del tipo diseñado por el gran escultor Feidias. Tres estatuas de Atenea realizadas por este escultor llamaron especialmente la atención en la antigüedad clásica, en primer lugar la estatua del Partenón, realizada en oro y marfil, en segundo lugar la gigantesca estatua de bronce de Atenea *Promachos* en la Acrópolis, realizada con el botín de Maratón, y por último una estatua de bronce erigida por los colonos atenienses en la isla de Lemnos y que por ello se denominó Atenea Lemniana. La gracia de esta estatua era tan grande que la gente de allí solía llamar a la diosa "la bella". Representaba a Atenea como la diosa de la paz.

Los bustos, estatuas e imágenes del arte griego posterior también pueden dividirse en dos grupos principales, uno que representa a la diosa como diosa de la guerra y otro que le otorga los atributos propios de Atenea *Erganê*.

Demeter

La diosa de la agricultura

Los romanos identificaban a su diosa Ceres con Deméter.

Deméter (griego antiguo: Δημήτηρ, *Dêmétêr*) es una figura de la mitología griega. Era hija de Kronos y Rea y, por tanto, hermana de Zeus, Poseidón, Hades, Hera y Hestia. Deméter era la diosa de la agricultura y de las cosechas (principalmente del grano). A menudo se la representa sosteniendo una mazorca de maíz. El equivalente romano de Deméter es Ceres.

Origen

Tras su nacimiento, según la mitología griega, compartió el destino de sus hermanos: fue devorada por su padre Kronos pero, como los demás, volvió a la vida cuando Zeus obligó a su padre a regurgitar a los niños que devoraba.

La diosa Deméter, invocada literalmente como *madre divina*, posee todas las características de la más antigua Cibeles, una diosa frigia, que a su vez era un reflejo de la diosa Kubaba de la mitología hatha.

Demeter Pelasgis

La concepción de Deméter como la madre tierra pertenece a su ser original. Está estrechamente emparentada con Gea y Rea Cibeles, aunque tiene una personalidad diferente. Se la puede considerar una de las más antiguas deidades pelásgicas (de la Grecia prehelénica) de Grecia, de ahí su apodo de *Pelasgis*. Lo que algunos escritores han afirmado sobre sus orígenes egipcios y sobre su identidad con la diosa egipcia Isis parece inverosímil.Deméter era la hermana de Poseidón y la cuñada de Hera. Pero Deméter estaba secretamente enamorada de Zeus. Hera lo sabía e hizo todo lo posible para destruirla.

El ámbito de trabajo de Deméter, las epíclesis y el culto

Como diosa de la tierra, se la asocia principalmente con todo lo relacionado con la vida y la civilización humana. Se convirtió en la diosa de la agricultura, y una vez que lo fue, por supuesto, también de todas aquellas actividades que pueden considerarse más ampliamente agrícolas, la arboricultura y la ganadería.

La diosa de la agricultura se convirtió además en la protectora de todo lo relacionado con la agricultura. Pasó por el inventor de todas las herramientas utilizadas en ella. También enseñó a arar, sembrar, segar, atar gavillas, trillar, moler y cocer el pan, según el mito de Triptólemos (véase más adelante).

Deméter Thesmophoros

Como diosa de la civilización, que eleva a las personas por encima del nivel de cazadores y pastores mediante la agricultura, Deméter también tiene un significado moral. Por ello, está estrechamente relacionada con Dionysos, el dios que dio la civilización a la raza humana.

Ofertas

A Deméter sacrificaban los cerdos perjudiciales para el maíz, así como el ganado, los frutos, la miel y los panales. Además de todos los árboles frutales, también se le dedicaron pinos, olmos y de las flores jacinto y amapola.

Fiestas

Además de las Eleusinias y las Tesmoforias, se celebraban otras grandes fiestas en honor a Deméter, la mayoría relacionadas con la cosecha. Además de Eleusis, los principales lugares de su culto eran Creta, Delos, Arcadia, Ática, Anatolia y Sicilia.

En su mayoría, las tribus dóricas se dedicaban al servicio de Apolo y Artemisa, por lo que el de Deméter pasó a un segundo plano con ellos, aunque también parece que esta diosa es de origen griego antiguo y genuino.

Niños

Deméter disfrutó del amor del dios supremo Zeus y tuvo una hija, Perséfone, con él. Además, dio a luz a Despoina y el dios del mar Poseidón engendró con ella al caballo Areion. También dio a luz a los hijos Ploutos y Filomelus de Iasion.

Dionisio

Dios del vino, la vegetación, la humedad cálida, los placeres y la civilización

Los romanos llamaban a este dios Baco y celebraban la Bacanal, o fiesta de Baco, cada tres años. Sin embargo, se convirtió en algo tan inmoral que en 186 a.C. el Senado romano lo prohibió.

Dionysos (griego antiguo: Διόνυσος, *Diónysos*; Διώνυσος, *Diōnysos*; latín: Dionysus) o **Bakchos** (griego: Βάκχος, *Bákchos*; latín: Bacchus), a veces también **Iakchos** (griego: Ἴακχος; latín: Iacchus), o **Bromios, es** una figura de la mitología frigia, tracia y griega. Es el dios del vino (de la construcción) y de la fruticultura, del poder de crecimiento de la tierra, de las leyes, de la civilización humana, del espíritu y del entusiasmo, de la poesía, del teatro y de la música. Como dios de la paz, reúne a las personas y como vencedor de la muerte. Tuvo una importante influencia en la vida, el pensamiento y la obra de los griegos y los romanos en varios aspectos.

Los padres, el nacimiento y la infancia

Dionisos era hijo de Zeus y de Sémele, la hija del rey tebano Kadmos. El amor de Zeus por Semele despertó los celos de Hera en gran medida. Acudió a Semele bajo un disfraz falso (Beroe) y la convenció de que pidiera a Zeus, como prueba de que era realmente el dios del cielo, que se mostrara ante ella en toda su gloria. Atado por un juramento, Zeus tuvo que conceder la insensata petición, pero cuando llegó a la desdichada en el pleno resplandor de su rayo, ella ardió con su casa.

Sin embargo, Zeus salvó al niño que llevaba en su vientre, e inmediatamente brotaron vides de hiedra de los pilares del palacio, protegiendo al niño con sus frescas hojas. Zeus escondió a su hijo en su muslo, hasta que llegó el momento de su nacimiento, y cuando Dionisio vino al mundo por segunda vez, lo entregó a las ninfas de Nysa para que lo cuidaran y educaran. Originalmente era un lugar mítico; más tarde, varias regiones de Grecia llevaron ese nombre. Allí, el niño fue criado bajo el fiel cuidado de las ninfas.

Otra tradición menciona a Ino, la hermana de su madre Sémele, como su educadora, y que le permitió unirse a las ninfas primero, después de que ella también tuviera que sucumbir a las persecuciones de Hera.

En Frigia y Lidia también existía la saga, diferente a la historia original griega, de que el dios fue supuestamente confiado a Rheia-Kybele para su educación.

Cuando llegó a la edad adulta, plantó una vid y con la bebida extraída de ella se embriagó a sí mismo y a sus educadores y a los demonios del bosque. Todos los que entraban en contacto con él eran seducidos por el dulce aroma de la nueva bebida y se unían a la procesión, con la que Dionysos recorría el mundo para difundir el vino, nuevo regalo que quería dar a la humanidad.

Propiedades

Es un dios cuya influencia se extiende por una zona muy amplia. Era adorado principalmente como el dios del vino. El vino era el mejor de sus regalos y por eso también se le llamaba Διόνυσου καρπός, Diónysou karpós, el fruto de Dionysos. Pero hay más. Para los antiguos griegos, también significaba el poder del crecimiento, que se puede ver en la naturaleza, por ejemplo de los bosques, los campos y los árboles. Las montañas y los manantiales de la zona también están relacionados con ella. La uva de vino, por tanto, es sólo la fruta, asociada a ella como un dios. La uva, aunque nace de la humedad, da un brillo cálido a su fruto.

La debilidad y el coraje, la exuberancia y la fuerza, de los que la uva es el símbolo, son el símbolo de Dionysos.

Pero también todos los árboles y todos los frutos de los árboles estaban bajo su cuidado. Por lo tanto, todos los lugares húmedos eran sagrados para él, especialmente la tierra que era fértil. Se le dedicaron muchas fuentes. También podía hacer brotar manantiales de las rocas golpeándolas con su bastón thyrsos, no sólo agua, sino también vino, leche y miel.

La viticultura y la fruticultura sólo se dan en los pueblos que han alcanzado un cierto nivel de desarrollo. Así, Dionysos se convirtió en un dios de la civilización humana. De este modo, estaba estrechamente relacionado con Deméter. Dio a los pueblos sus leyes, mantuvo la paz y les mostró su favor a través de sus buenos dones. La viticultura y la agricultura se consideraban dones de Dionysos y Deméter, especialmente en el Ática. Allí se originó la saga de Ikarios, a quien Dionysos concedió su don, y de Triptólemos, que fue elegido por Deméter para ser su enviado.

Dionysos también influyó en la mente humana, uniendo a las personas. Todo lo que se resistía a él tenía que inclinarse ante su poder. Todo lo que era salvaje y áspero se sometía a él: panteras y leones tiraban de su carro y las deidades más feroces de la naturaleza se unían de buen grado a su séquito. Era el dios del ímpetu y el entusiasmo. Esto se expresó especialmente en los campos de la poesía y la música. La poesía y la música dedicadas a Dioniso son feroces, se caracterizan por transiciones repentinas de la alegría más exuberante a la tristeza más profunda. Las fiestas dedicadas a Dionisos eran bastante ruidosas tanto por los cantos, los ditirambos, en realidad los cantos que celebraban el doble nacimiento de Dionisos, como por los instrumentos musicales que se utilizaban en ellas, la flauta y la pandereta.

Dionisos, además, era un dios de la profecía y la purificación, y por tanto estaba asociado a Deméter y a las deidades adoradas en los misterios de Eleusis. En ellas, se le llamaba Iakchos, un nombre por su estruendo. El nombre de Baco, Bakchos, adoptado posteriormente por los romanos, parece tener el mismo significado, también su apodo Bromios parece referirse al ruido con el que se acompañaban sus fiestas.

También se le asoció con el inframundo como vencedor de la muerte y fue equiparado con Hades por Herakleitos.

Las andanzas de Dionysos

Las leyendas cuentan que fue acogido especialmente en Etolia y Ática.
En Etolia, Dioniso se había instalado en casa de Oineo (= "el hombre del
vino") y mantenía una relación amorosa con su esposa Althaia. Según
algunos, la bella Deianeira era la hija del dios. Mucho más detallada e
importante es la historia de la llegada de Dionisio al Ática. Dos lugares
afirmaron haber acogido al dios primero: Eleutherai e Ikaria. Sin embargo,
Eleutherai se anexionó al territorio del Ática más tarde, por lo que el
Dionysos de Ikaria era y siguió siendo la verdadera deidad nacional. Su
llegada allí se relata en la siguiente leyenda: Ikaros, el gobernante de
Ikaria, cuando le pidió hospitalidad, aceptó amablemente al dios. En
agradecimiento, Dionysos le dio la vid y le enseñó la viticultura. Cuando
Ikaros ganó el primer vino, llenó sacos de cuero con él y recorrió la tierra
para distribuir esta deliciosa bebida a los pastores. Estos, sin embargo,
pronto se emborracharon y, creyendo que habían sido envenenados,
mataron a Ikaros y lo enterraron bajo un árbol. Su hija Erigone salió a
buscarlo y finalmente encontró su tumba con la ayuda de su fiel perra
Maira. Desesperada por el asesinato de su padre, se colgó del árbol bajo
el que estaba enterrado. Dionysos se enfureció por el asesinato de su
amigo y envió una plaga a toda la tierra. Hizo que todas las mujeres de la
nobleza ática siguieran el ejemplo de Erigone en cuanto a la rabia e hizo
de Ikaros la constelación de Boötes y de Erigone la constelación de Virgo.
El perro Maira lo colocó en el cielo como la Estrella del Perro.

El significado de este mito es claro: Ikaros es la personificación de la vid,
Erigone (= 'la que nace temprano') significa la uva, y el perro es el calor
de los días de perro, que hace madurar el fruto.

Fiestas y culto

Las catástrofes que se abatieron sobre el Ática tras la muerte de Ikaros no
podían cesar, según un oráculo, hasta que se encontrara el cadáver del
asesinado y se ofreciera una ofrenda de paz por el crimen. No se
encontró el cadáver, pero en cumplimiento de las exigencias del oráculo
se instituyó una fiesta en la que se colgaron todo tipo de pequeñas
estatuas en los árboles y se mecieron de un lado a otro mientras se
cantaban canciones en honor a Ikaros y Erigone. Esta fiesta se llamaba
Aiora, y en ningún lugar se celebraba con tanta pompa y esplendor como
en el Ática, especialmente en Atenas. Pero estas fiestas se celebraban
entre todos los jonios, incluidos los que habitaban la costa de Asia Menor
en gran número.

Festivales de invierno

Las fiestas áticas son, en parte, fiestas de la cosecha en invierno y, en parte, celebraciones de la proximidad de la primavera. La verdadera fiesta de la vendimia se celebraba en las "pequeñas dionisíacas", que se celebraban en el mes de *Poseidón* (diciembre-enero) en tierra, es decir, fuera de la ciudad de Atenas. Se cantaban canciones en honor de Ikaros y Erigone, se bailaba, y el simbolismo de la fertilidad otorgado por Dionysos se llevaba a cabo con gran júbilo, y la alegría estaba en todas partes. En esos dionisíacos rurales está el primer origen del drama ateniense. Los carros eran conducidos por cantantes que relataban la suerte del dios en un diálogo, e incluso más tarde, cuando el drama ateniense ya había alcanzado su mayor grado de desarrollo, los actores de la ciudad seguían viajando para dar lustre a los dionisíacos rurales con sus representaciones. Un entretenimiento peculiar, que era muy popular, era la Askolia: los muchachos cojeaban sobre un saco de cuero recubierto de aceite hecho con la piel de la cabra sacrificada en honor a Dionisio.

A las dionisíacas rurales les seguían las lenaias en el mes de *Gamelion* (enero-febrero). Esa fiesta se celebraba en la ciudad como conclusión de la anterior. Principalmente, se celebraba en el *Lenaion*, el templo más antiguo que Dionisos tenía en Atenas. Las uvas se prensaban festivamente y el joven mosto dulce, llamado *ambrosía*, se degustaba y sacrificaba. La gente y los templos se adornaron con hiedra; hubo una gran procesión, en la que, especialmente desde los carros, se presentaron todo tipo de burlas y bromas a las multitudes que se habían congregado; las representaciones teatrales concluyeron la fiesta.

Fiestas de primavera

Cuando comenzaba la primavera, la gente celebraba *la Anthesteria* en el mes de *Anthesterion* (febrero - marzo). Cada día de este festival tenía su propio significado. El primer día, la *Pithoigia*, era la fiesta de la rotura de los barriles de vino nuevo. Ese día, los esclavos eran libres e iguales a sus amos. El segundo día, *Choën* se celebraba con una comida, para la que el Estado aportaba la carne y se premiaba a los que más bebían del vino joven. Las primeras flores de la primavera se utilizaban para hacer coronas para el pueblo y para el Lenaion. Los niños también celebraron *las Antiestrés*. A partir de su tercer año, los niños eran coronados ese día como personificación del año joven. Una parte importante de las *Antiesterias* era la ofrenda que las mujeres más nobles de la ciudad hacían al dios el día del *Choën* en el Lenaion. En el proceso, la esposa del *archon basileus*, o el funcionario encargado de gobernar la religión, se unía en matrimonio bajo misteriosas ceremonias. Probablemente se trataba de una repetición simbólica de la unión celebrada en la misma época del año entre Dionisio y Ariadna.

El tercer día de las *Antillas* llevaba el nombre de *Chytren* (es decir, "la fiesta de las ollas"). Entonces se ofrecían sacrificios a los fantasmas de los muertos, que en este día solían regresar al mundo superior para recibir los regalos que les correspondían, y al ctónico Hermes, que guía a los fantasmas. La explicación de este sacrificio radica en que en el despertar de la naturaleza en primavera, además del regreso de Dionisio, es decir, de la fuerza de crecimiento de la naturaleza, del reino de los muertos a una nueva vida, se celebraba también el despertar de todo lo que antes había vivido y parecía haber muerto.

Dionysia

La cuarta fiesta, la verdadera fiesta de la primavera, que celebraban los atenienses eran las *grandes dionisíacas*, las *dionisíacas de la ciudad*. *Elaphebolion* (marzo-abril) era el mes designado para estas fiestas. Participar en ellas estaba permitido incluso a los presos, porque en esta fiesta se celebraba al dios sobre todo como liberador de cuidados y sufrimientos. El rasgo más distintivo de los grandes dionisíacos eran las magníficas representaciones teatrales ofrecidas en honor del dios. Una gran multitud de personas acudió a Atenas desde muy lejos. Luego, una alegre multitud iba de un lado a otro por las calles de la ciudad. La fiesta comenzó con una magnífica procesión, que acompañó a la estatua más antigua del dios encontrada en Atenas. Numerosos coros cantaban en honor del dios, especialmente el *ditirambo, es decir,* la canción en la que se cantaba su doble nacimiento. La gente se cubre de rosas y violetas, las jóvenes flores de la primavera. Pero la esencia de todo el festival era y seguía siendo la representación de nuevas tragedias y comedias, durante las cuales se celebraba una competición entre los distintos poetas. Los que se habían presentado fueron elegidos de antemano entre los que serían admitidos al concurso. La afluencia de extranjeros era entonces tan grande y el jolgorio de los ciudadanos tan lleno de todos los ánimos, que se eligieron estos días como los más apropiados para conceder los honores del Estado a los ciudadanos que lo merecían.

Oschophoria

Pero no sólo en el Ática y en Atenas el servicio de Dionysos gozaba de tan alto honor. También en la isla de Naxos la gente sabía mucho sobre el dios. Allí había encontrado a Ariadna, cuando ésta había sido abandonada infielmente por Teseo. Es un tema favorito de los poetas cantar el dolor sin nombre de Ariadna en su estado desolado y la dichosa alegría que la llenó cuando fue elegida por Dionisio como su consorte.

En Atenas se celebraba una fiesta en su honor, la Oscoforia, que era también una fiesta de la cosecha, en la que los hijos de los ciudadanos atenienses, vestidos con antiguos trajes jónicos, llevaban vides con uvas colgadas en una solemne procesión. El matrimonio de Dionisio y Ariadna tuvo tres hijos, Oinopion (es decir, "el bebedor de vino"), Staphylos (es decir, "la vid") y Euanthes (es decir, "la bella floreciente").

Opositores

Dondequiera que Dionisio iba, esparcía bendiciones. Sólo a los que arruinó que intentaron resistirse a él. En primer lugar los piratas tirrenos, que querían tomarlo como prisionero. De hecho, cuando estaba a punto de zarpar de Ikaria a Naxos y deambulaba por la playa, los piratas del Tirreno lo capturaron, ya que llamaba la atención por su extraordinaria belleza. Pero apenas estaba el barco en el mar, cuando los grilletes que le habían puesto se cayeron, crecieron lianas alrededor de las velas, la hiedra sujetó el mástil y los ladrones se sumergieron en el mar en un ataque de locura y se convirtieron en delfines.

Más de una vez, Dionysos tuvo enemigos que combatir, como demuestran las leyendas de Licurgo y Penteo. Lykurgos, hijo de Dryas, era un rey de los edonios tracios. Cuando el dios entró en su reino con toda la multitud que lo acompañaba, se acercó a ellos con hostilidad para disciplinar al intruso y, si era posible, matarlo. Sin embargo, el intruso se salvó saltando al mar, donde la diosa Tetis se ocupó de él. Sin embargo, Lykurgos fue castigado con la ceguera, y habiendo incurrido en el odio de los dioses, pronto tuvo que morir. Otras leyendas cuentan que, habiéndose vuelto loco, confundió a su hijo con una enredadera y lo mató con su hacha o que, vencido por tal ceguera, se cortó las piernas. Parece que Lykurgos es un símbolo del frío invierno, que intenta perturbar la alegría del dios del vigor, pero tiene que sucumbir una y otra vez en la desigual lucha.

En la saga beocia, Penteo ocupa el mismo lugar que Licurgo en la del norte de Grecia. Llamado rey de Tebas, es descrito como un hombre de carácter rudo y feroz. Cuando Dionysos también visitó Tebas en su viaje por el mundo, todas las mujeres tebanas se reunieron en torno a él y celebraron una ruidosa fiesta en su honor en las montañas de Kithairon. Enfadado por ello, Penteo quiso poner fin a esto, pero cuando quiso asistir a una de las ceremonias secretas que se celebraban en las montañas sin ser visto y para ello se había subido a un pino, fue destrozado por su propia madre, que lo confundió con un animal salvaje, con la ayuda de sus compañeros.

De esta saga sobre el Dionisio beocio ya se desprende que su culto y sus fiestas en algunas regiones de Grecia tenían un carácter totalmente diferente a las celebradas en Atenas. Eran fiestas feroces y ruidosas, en las que las mujeres y las muchachas participaban en un número abrumador, como muestra la leyenda que se refiere a las hijas del rey Minyas en *Orchomenos*. Orgullosas de todas las exhortaciones y de los signos milagrosos, sólo éstas, de entre todas las mujeres de aquella ciudad, se negaron a participar en la fiesta en honor de Dionysos, hasta que por fin el dios, seguido por la feroz multitud que lo rodeaba, entró en su casa y, al encontrarla trabajando allí, la hizo cubrir de enredaderas y coronas de hiedra y las convirtió a ellas mismas en murciélagos.

La leyenda cuenta que Dionisio participó en muchas batallas; se dice que luchó con las Amazonas, se menciona una batalla que libró contra Perseo, pero es especialmente famoso el papel que desempeñó en la victoria de los dioses sobre los Gigantes. La madre de estos grandes seres, que querían asaltar los cielos, Gea, los había hecho invulnerables a las armas de los dioses, para que pudieran continuar su batalla ilesos, hasta que dos seres, por cuyas venas también corría la sangre de los hombres mortales, Dionisio y Heracles, fueron llamados en su ayuda por los dioses y aseguraron su victoria.

Festivales trietéricos

Las fiestas ruidosas se celebraban especialmente en el Parnaso, cerca de la ciudad de Delfos. Incluso las mujeres de Ática viajaron allí para participar. En la oscuridad de la noche se paseaban por las cumbres nevadas de las montañas, a veces arriesgando la vida, y despedazaban todo lo que llegaba a sus manos, ciervos y otras piezas de caza, para devorar cruda la carne aún temblorosa. Un ruido ensordecedor causado por los gritos de los juerguistas, acompañado por la música de flautas y panderetas, era una característica peculiar de estos desfiles por las montañas. Estas fiestas de Dionysos se celebraban cada dos (los griegos decían que cada tres) años y por ello se llamaban fiestas *trietéricas*. La causa de esta excitación puede explicarse por el significado de Dionysos como dios de la naturaleza. En el momento del solsticio de invierno, la uva parece morir por completo, por así decirlo, y el dios, se pensaba, moría con la planta santificada para él. De ahí una tristeza, que se encuentra igualmente en todas las religiones de la naturaleza, donde el hombre ve en la muerte de la naturaleza la imagen de su propia muerte, y que se desahoga en toda clase de costumbres salvajes y excitadas. Por otro lado, estaban las fiestas de la alegría, con las que se saludaba al dios cuando renacía en primavera, y el estruendo con el que las mujeres que participaban en estas fiestas recorrían las montañas, que servía para despertar al dios de su sueño de muerte. La gente lo buscaba por todas partes hasta encontrarlo, es decir, su símbolo, una planta recién brotada; entonces lo llevaban en solemne procesión a su templo para concluir la fiesta con sacrificios y danzas.

Mainaden

En su viaje por las montañas, las mujeres iban vestidas con pieles de animales y llevaban en la mano un bastón thyrsos (es decir, un palo envuelto en hiedra y lianas). Se llamaban Mainaden, Bakchanten, Thyiaden, Bassarides. (Estas fiestas salvajes se originaron principalmente en Tracia y Macedonia, desde donde se trasladaron a Grecia, especialmente a Beocia, entre las cuales las fiestas de Dionysos, las *Agrionias, es decir,* la "fiesta salvaje" de Orcomenos, ocupaban el primer lugar.

Estos Mainads también formaban parte, en la representación de los griegos, de la gran procesión que rodeaba al dios en el viaje que había emprendido para difundir su don. Esa procesión, llamada *thiasos* por los griegos, y objeto de numerosas representaciones de las artes plásticas, constaba de componentes muy diferentes. Aunque al principio sólo las Ninfas habían sido las compañeras del dios, pronto se vio rodeado de todo tipo de grupos de Silenos, Sátiros, Pans, Kentauros y otros seres de esa naturaleza. Ni que decir tiene que su antiguo maestro Silenos no estaba ausente de este entorno. Con toda esa multitud recorrió todos los países, plantando la vid en todas partes y estableciendo su culto. Su viaje, en el que, por así decirlo, subyugó al mundo entero, fue descrito por los escritores antiguos como algo que se extendía hasta la India. Especialmente a raíz de las campañas emprendidas por Alejandro Magno, este viaje adquirió mayor protagonismo entre los griegos posteriores bajo las leyendas de Dionisio. Alejandro era partidario de continuar la empresa de Dionysos y penetrar aún más allá de donde llegaban las huellas del dios y su culto. Ni que decir tiene que todos los países en los que el servicio de Dionysos había arraigado en épocas posteriores fueron incluidos en las descripciones de ese viaje, y numerosas sagas e historias de aventuras, originarias de diferentes países, se fueron uniendo en un todo. Especialmente los paisajes de Asia Menor de Frigia y Lidia deben contarse entre esas regiones, donde Dionysos había residido durante mucho tiempo y establecido un culto duradero, que, como otros cultos en esas regiones, tenía un carácter feroz, excitado, como decían los griegos, *orgiástico*. Allí, el dios estaba rodeado por los compañeros ordinarios de Rea Kybele, la *gran madre de los dioses*, es decir, por los Curetes, los Korybants, los Kabeirs y los Daktyls de Idai.

En Lidia o Frigia también se originó la saga de Ampelos. Se trataba de una hermosa joven, que había conocido y amado a Dionysos en sus andanzas. Siempre Ampelos fue el fiel compañero del dios, hasta que un toro lo mató. Dionysos estaba angustiado por el dolor, así que Zeus, para aliviar ese dolor, hizo brotar una vid de la sangre de Ampelos.

Acceso a los Olympos

Precisamente porque Dionysos era sólo en parte de origen divino, tuvo que ser limpiado de todo lo terrenal que se aferraba a él antes de poder entrar en el círculo de los dioses olímpicos. Después del viaje que había emprendido por toda la tierra, con el que había sometido a todas las naciones, por así decirlo, a su territorio, entró victorioso en las moradas del Olimpo, donde se le concedió en adelante la residencia. Y una vez allí, consiguió que a su madre Sémele, según algunas leyendas incluso Ariadna, se le asignara también un lugar en el Olimpo. Semele recibió allí el nombre de Thyone. De ahí el nombre no pocas veces dado de *Thyoneus* a Dionisio.

Misterios de Orphici

Una concepción muy peculiar de la naturaleza del dios se encuentra entre los Orphici, una secta religiosa y filosófica, que tomó el nombre del mítico cantor Orfeo de Tracia, y se propuso difundir nociones más claras sobre la vida después de la muerte y sobre la responsabilidad moral que corresponde a todo ser humano por sus actos. En los misterios de aquellos órficos, la deidad principal era Dionysos-Zagreus. Esta deidad, llamada hijo de Zeus y Deméter, o descendiente de la unión de Zeus con su propia hija Perséfone (una saga, que intentaba simbolizar la influencia de las fuerzas del cielo en el crecimiento de las plantas) era, según los órficos, la querida de su padre, designada por él para gobernar el universo. Por ello, Zeus lo nombró rey y, ya de joven, le concedió más honores que a los demás dioses. Su educación fue confiada a los Curet en su infancia. Pero Hera, que perseguía con un odio maligno a todos los hijos de Zeus que no eran suyos, envió a los Titanes sobre el niño, habiéndoles ordenado que hicieran irreconocible su rostro untándolo con tiza. Aunque el niño se transformó en varias apariencias por su poder divino, finalmente se vio obligado a sucumbir en la desigual batalla. Los Titanes destrozaron su cuerpo y lo devoraron. Sólo su corazón fue salvado por Atenea, que lo llevó a Zeus.

Dos sagas diferentes cuentan que, o bien el propio Zeus devoró este corazón, o bien, que se lo dio a Sémele, la madre de Dionisos. De Zeus mismo, o por obra suya, nace entonces el joven Dionisio, que sería el rey, el liberador, la salvación del mundo. Sin embargo, los Titanes, que habían destrozado a Zagreus, fueron alcanzados por el rayo de Zeus hasta tal punto que se redujeron a cenizas. De estas cenizas, que se mezclaron con la sangre de Zagreus, nacieron los humanos. Y es precisamente a partir de esto que se puede explicar el carácter humano. La lujuria del mal, que todo ser humano lleva consigo, tiene su origen en las cenizas de los Titanes; la inclinación a hacer el bien brota de la sangre de Zagreus mezclada bajo esas cenizas. En resumen, la dicotomía entre el bien y el mal, que reina en toda mente humana, está representada simbólicamente por la mezcla de lo que es titánico, es decir, salvaje y burdo, y lo que es dionisíaco, es decir, bueno, puro y depurado.

Las enseñanzas de los Orphici se proclamaban en un culto secreto, en los llamados misterios.

En las fiestas triéricas de Dionysos también parece haber estado en boga un servicio de culto secreto, que puede denominarse Misterios Dionisíacos.

Distribución

El culto a Dionysos griego también se extendió más allá de las fronteras de Grecia. Especialmente en esas colonias griegas, que cubrían Sicilia y las costas del sur de Italia, tuvo una gran expansión. En Roma, aunque con diferentes nombres, se fundaron muchos templos en honor del dios. Pero este culto de los romanos pronto se alejó completamente del culto griego original en muchos aspectos. En primer lugar, el hecho de que la nueva deidad introducida en Italia estuviera muy comprensiblemente vinculada a antiguas deidades indígenas. En segundo lugar, las ceremonias asociadas a su servicio pronto se convirtieron en una tapadera para una inmoralidad tan burda en las Bacanales, que ha permanecido proverbialmente infame hasta nuestros días, que las autoridades de la ciudad tuvieron que actuar de la manera más enérgica posible para evitar una decadencia general.Sobre el culto a Dionisio en Roma, véanse Liber Pater y *Senatusconsultum de Bacchanalibus*.

Relación con otras deidades

Con algunas otras deidades, Dionysos mantenía una relación más o menos estrecha. Ya se ha hablado de su relación con Deméter. Con Apolo, tenía varios puntos de contacto. Parece que estas dos deidades fueron hostiles entre sí en un principio y que pasó mucho tiempo antes de que el servicio de Dionisio pudiera ganarse un lugar junto al de Apolo. Las ruidosas fiestas de Dionisio contrastaban demasiado con el servicio del dios puro de la luz, que era digno y comedido en todo. Sin embargo, incluso esta lucha llegó a su fin. Se encontraron similitudes que hicieron posible que estos dos dioses estuvieran estrechamente vinculados en el imaginario griego. Al igual que Apolo, Dionysos sabe despertar en las mentes de las personas el entusiasmo por lo que es bello; ambos son igualmente amigos de las Musas. Al igual que Apolo, Dionysos también es un dios profético y, como se verá, también concedía a la gente la purificación del pecado y la culpa.

En las artes visuales

Este culto de Asia Menor ha ejercido una gran influencia en la representación del dios por las artes visuales. Las numerosas estatuas que lo representan como un joven de estatura frágil y casi afeminado, cuyos mechones ricamente ondulados están atados por la cinta de pelo lidia (*mitra*), también son de origen asiático. A menudo, el dios va vestido con ropas anchas y de color piel, mientras que a veces se le representa como un joven, y otras como un hombre de edad más madura con barba poblada.

Ninguno de los dioses griegos ha sido tan frecuentemente objeto de representaciones artísticas como Dionisio, y en ningún otro dios es mayor la variedad de estas representaciones. A veces se le representa como un niño, a veces como un joven, a veces como un hombre maduro y poderoso; a veces con una apariencia lánguida, casi femenina, a veces llevado a un estado de arrebato por el movimiento más violento de la mente; a veces bebiendo, a veces montando animales salvajes, generalmente rodeado por Ariadna, Silenos y todo su thiasos.

Las imágenes más antiguas del dios eran muy sencillas; un trozo de madera que lo representaba, una imagen de su rostro por sí sola eran a menudo suficientes para encender a sus adoradores en el entusiasmo.

Incluso se han conservado hermas que representan la cabeza de Dioniso solo o, junto a la suya, la de las divinidades más asociadas a él, cuya

imagen parece entonces brotar con él de un tronco. El arte posterior
encontró en las leyendas relativas a Dioniso y su entorno un material muy
rico para sus obras. Especialmente los escultores Skopas y Praxíteles
(ambos vivieron en Atenas entre el 392 y el 350 a.C.) y sus discípulos
trataron de glorificar al dios en los más diversos estados y ambientes a
través de sus esculturas.

Dionysos como sacrificio

Según la leyenda de Dionysos como ofrenda de paz, fue engendrado por
Zeus con Deméter. De joven, Zeus ya lo colocó en su trono, donde jugaba
con el canto rodado del trueno. Los Titanes (que habían sido derrotados
por Zeus) observaron esto con desagrado y, en ausencia del Alfather,
emboscaron a Dionisio. Este último intentó escapar cambiando de forma,
pero finalmente fue capturado, despedazado y devorado en forma de toro.

Sin embargo, la diosa Atenea lo vio y preservó el corazón. Se lo llevó a
Zeus, que lo utilizó para resucitar a su hijo. En el culto al dios Dionisio,
cada año se sacrificaba un toro, cuya sangre se bebía y cuya carne se
comía. Dionysos era también el dios del teatro; la tragedia surgió de su
ditirambo.

Hades

El dios del inframundo, la morada subterránea de los muertos

*El homólogo de Hades en la mitología romana era
conocido como Dis o Plutón.*

Hades (griego antiguo: Ἅδης), también **Haides** (Ἅιδης), **Ploutoon**
(Πλούτων), **Plouteus** (Πλουτεύς) o **Pluto**, **Orcus**, **Dis Pater** (latín) es una
figura de la mitología griega. Es el dios del inframundo o Reino Fantasma
y gobernante de los muertos. También es el dios de la riqueza y los
metales preciosos. Hades es hijo de Kronos y Rea y esposo de
Perséfone.

Figura (dios)

Hades es hermano de Zeus, Poseidón, Hera, Hestia y Deméter. En el
reparto del poder y del mundo entre Zeus, Poseidón y él mismo, el reino
subterráneo de los muertos recayó en él, convirtiéndose en el tercer
gobernante del mundo. Hades sufrió el mismo destino que sus hermanos

y hermanas (aparte de Zeus): fue devorado por su padre Kronos y posteriormente escupido de nuevo. Además, participó en la batalla de los Titanes del lado de Zeus. No permite que nadie regrese al reino de los vivos. Varios demonios y espíritus están a su servicio, como Caronte, el barquero, que utiliza su barca para transportar las almas de los difuntos al otro lado del río Estigia previo pago de un obool (una moneda que se coloca en la boca del difunto con este fin).

Los atributos de Hades son los dos dientes y Kerberos, el monstruoso perro de tres cabezas que custodia la entrada al Inframundo. Además, Hades también lleva ocasionalmente una bolsa de dinero, ya que a veces se le honra como dios de la riqueza. Esto también se deriva de su nombre: Ploutoon/Plutón (πλουτος = riqueza). Hades también consiguió del cíclope un casco que le hacía invisible.Hades amaba a Perséfone, hija de la diosa Deméter, y la raptó. De los héroes, Heracles, Orfeo, Odiseo, Peirithoös y Teseo descendieron al inframundo en vida. Homero describe el reino oscuro y su abatimiento.Hades también fue apodado "Nil miserans" (despiadado, sin piedad, que no conoce la piedad) por Horacio, aunque el dios del inframundo se había apiadado una vez de Orfeo, y de su esposa Eurídice.

Underworld

Hades también hace referencia al inframundo, tanto en la mitología romana como en la griega.

El inframundo tenía como parte más horripilante a *Tartaros*, aquí eran enviados los fantasmas o espíritus de los muertos si habían vivido mal. Los ejemplos son Sísifo y Tántalo, que al morir tuvieron que soportar tormentos eternos.

Una parte más encantadora del inframundo era la *Elysion*. Este era el lugar donde cualquiera que hubiera llevado una buena vida podría disfrutar de la libertad y la paz. Según los relatos, Eneas se encuentra aquí con su padre Anquises.

La tercera y última parte del inframundo era un lugar sin esperanza ni miedo. Aquí fueron enviados todos los que habían llevado una vida normal, ni buena ni mala. Este lugar se llamaba el Asfódelo o los campos del Asfódelo, por una planta comestible de sabor muy neutro. Quienquiera que acabara aquí podía volar y vagar como un murciélago por el resto de la eternidad.

Hefesto

Los romanos identificaban a su dios Vulcano con Hefesto.

Hefistos (griego antiguo: Ἥφαιστος) o **Vulcanus** (latín) es un personaje de la mitología griega. Es el dios de la forja, el fuego y los artesanos y es el herrero de los dioses. Según algunas fuentes (Homero, etc.), era hijo de Zeus y Hera; según otras (Hesíodo), sólo era hijo de Hera.

Los romanos lo equiparaban con su dios Vulcanus (también conocido como Mulciber). Estaba casado con Afrodita, pero ésta le engañó con su amante Ares, el dios de la guerra. De Ares, tuvo un hijo llamado Harmonia.

Mitología

Tenía brazos fuertes, como cualquier herrero, y piernas poco desarrolladas. Sin embargo, Hephaistos también cojeaba. En *la Ilíada* de Homero, su aparición ante los dioses provoca la "risa homérica". Hay dos explicaciones para su cojera. Según uno de ellos, Hefistos estuvo presente en una disputa matrimonial entre sus padres y cuando intervino para defender a su madre, su padre lo agarró por una pierna y lo arrojó desde el Olimpo. Un pueblo de Tracia, los sintianos, que había desembarcado en Lemnos con una migración de personas (allí es donde Hefistos había bajado en su caída), lo cuidó pero siguió cojeando.

La otra versión dice que Hefistos era cojo de nacimiento, y que Hera lo arrojó del Olimpo por vergüenza, dejándolo cojo para el resto de su vida. Acabó en el océano, donde fue pescado por Tethys y Eurynome, que lo criaron en una profunda y oscura cueva junto al mar. Cuando creció, decidió vengarse regalando a su madre un trono de oro que había forjado. Sin embargo, cuando se sentó en él, de repente se encadenó a él y nadie más que Hefistos pudo liberarla. Ambas historias se encuentran en la Ilíada.

También se dice que Zeus, para quedar bien con Hefistos tras su regreso al Olimpo, decidió darle a Afrodita como esposa. Aunque él mismo era feo, Hefistos siempre tuvo hermosas esposas: además de Afrodita, se menciona a Charis, descrita como "agraciada", y a Aglaea, la más joven de las tres Gracias. De los hijos de Hefistos, son especialmente conocidos el argonauta Palaemon, el escultor Ardalus, el ladrón Periphetes, que fue asesinado por Teseo, y Erichthonios.

Relaciones

Afrodita no estaba felizmente casada con Hefistos. Ella amaba a Ares y Ares la amaba a ella. Mientras Hefistos se ponía a trabajar en su taller del Olimpo, Afrodita permitía a Ares entrar en su cama en secreto. Hefesto sabía desde el momento en que se casó con Afrodita que esto iba a suceder. Tan astuto como él, ideó un plan para demostrar al mundo que Afrodita le engañaba. Creó una red invisible que caería sobre Afrodita y Ares cuando él quisiera. También invitó a todos los dioses a venir. El plan funcionó y Afrodita y Ares, mientras estaban desnudos, se enredaron en la red. Todos los dioses se echaron a reír cuando los vieron. Hefesto finalmente los liberó.

Otra historia afirma que Hefistos se había enamorado de Palas Atenea. Se dice que Hefistos corrió hacia Atenea desnudo y su semilla se impregnó en la ropa de Atenea. Supuestamente, Atenea lo limpió con un paño y lo arrojó a un valle. Esto fertilizó a la madre tierra, Gaia. El niño resultante se llamó Erecteo. Más tarde sería el primer rey de la ciudad de Atenas.

Se dice que Ática, hija de Zeus y Eurínome, se casó con Hefistos. Juntos tuvieron cuatro hermosas hijas, también llamadas las Caritas. También se dice que Hefesto tuvo otra breve relación con una ninfa. De ahí habrían nacido también varias hijas divinas.

Culto

Hefistos fue adorado originalmente en Asia Menor (Licia) como demonio de todo tipo de fenómenos naturales de fuego. Desde allí, su culto llegó a la isla de Lemnos. Desde la isla de Lemnos, el culto a Hefistos llegó a Atenas, donde el dios se convirtió en el protector de los alfareros. Junto al barrio de estos artesanos se construyó el Templo de Hefistos.

Por cierto, todos los trabajos del fuego estaban asociados a Hefesto. Bajo los volcanes tenía su taller, como bajo el Mosychlos en Lemnos, donde los Cabeirs eran sus ayudantes, y al oeste bajo el Stromboli, pero sobre todo bajo el Etna, donde los cíclopes le servían. En la Ilíada de Homero, su nombre está directamente relacionado con el fuego, donde el fuego sobre el que se prepara la carne se denomina en ocasiones "llama de Hefistos".

Forjó armas y equipos para dioses y héroes, como el tridente de Poseidón, el escudo de Heracles y la coraza de Aquiles. Prometeo fue forjado por él y la bella Pandora fue su creación. Artista de la herrería, mantenía una estrecha relación con Atenea, la diosa de las artes. En Atenas, la fiesta de la Caldea se celebraba para ambos dioses juntos.

Iconografía

La representación más antigua que se conoce de Hefistos data del siglo VI a.C. y muestra el nacimiento de Atenea, así como una escena con Peleo y el regreso a Olimpo. Se le suele representar con las típicas herramientas de herrero, como el martillo, las tenazas y el fuelle. Se han encontrado numerosas estatuas del equivalente romano de esta deidad griega, así como sarcófagos y mosaicos, entre otros.

Hera

Reina de los cielos y como protectora del matrimonio y de las mujeres |
Deidad del cielo

Los romanos identificaban a su diosa Juno con Hera.

Hera (griego antiguo: Ἥρα, *Hêra*; Ἥρη, *Hêrê*; micénico: *e-ra*) es una diosa de la mitología griega. Es hija de los titanes Kronos y Rea, y por tanto hermana de Zeus, el rey del cielo y de la tierra, además de ser su esposa. Hera era la diosa del matrimonio y la fertilidad. También se la llama "la de los ojos de vaca" y el pavo real es su símbolo.

Origen

Originalmente, Hera sólo era la diosa protectora del matrimonio. Sin embargo, pronto simbolizó el cielo y la atmósfera que trae la fertilidad. Se la consideraba la dueña del cielo y de la tierra. Su nombre significa "dueña de todo lo que existe". Al igual que su consorte, es capaz de hacer caer sobre la tierra todo tipo de fenómenos meteorológicos, como truenos y relámpagos.

Al ser la esposa del dios principal, es tratada con gran reverencia y respeto por los demás dioses. Todo el mundo la defiende cuando entra en la sala.

Hay varias historias sobre la infancia de Hera. Una versión es que fue criada por Okeanos y Tethys. Según otra versión, fue criada por los Cuernos. Sin que sus padres lo supieran, contrajo un matrimonio sagrado ('hieros gamos' o 'hierogameia') con Zeus, que permaneció en secreto durante 300 años, hasta que Zeus pudo concederle su digno lugar como reina del cielo.

Aparte del evidente amor que se profesan Zeus y Hera, según los poetas griegos, también hay muchos conflictos matrimoniales entre ellos. Los griegos veían esta lucha de Hera reflejada en los fenómenos naturales de su tierra, muy influenciados por el mar. La saga en la que Zeus, como castigo por la persecución de Hera al hijo de Zeus, Heracles, cuelga a Hera del cielo con dos yunques a sus pies (que representan la tierra y el mar) y grilletes de oro en sus brazos (las nubes coloreadas por el sol) también puede explicarse desde este punto de vista.

Ámbito de actuación

El campo de acción de Hera se expresaba tanto en su calidad de diosa de la *polis* primitiva (y posiblemente incluso antes en la época micénica) como en su calidad de diosa del matrimonio como consorte del dios supremo.

Diosa de las primeras polis

El espíritu de Hera se refleja también en la guerra de Troya, en la que apoya a los griegos. Después de todo, la troyana Paris había designado a Afrodita y no a Hera o Atenea como la mujer más bella en el Juicio de Paris. Incluso el troyano Eneas, que viaja a Italia como superviviente tras la caída de Troya, sigue experimentando el resentimiento de Hera.

Diosa del matrimonio

Hera tiene además una gran importancia como diosa del matrimonio en la antigua Grecia y es considerada el ideal de la mujer casada. Su real se considera el modelo de todos los matrimonios realizados en la tierra, y la fidelidad matrimonial está bajo su protección.

Niños

Los hijos que resultaron del matrimonio de Hera con Zeus fueron Hefistos, Ares, Hebe y Eileithyia. Se dice que Hefistos nació cuando el matrimonio de Zeus y Hera también era un secreto para sus padres. Hebe y Eileithyia simbolizan, respectivamente, el florecimiento, la vitalidad juvenil y la ayuda a las mujeres estériles.

Sitios de culto

Hera era especialmente honrada en la ciudad de Argos y en los festivales que allí se celebraban, Heraea, que iban acompañados de juegos públicos. Desde aquí, el servicio de la diosa se extendió por todo el Peloponeso, con templos en Olimpia, Corinto, Tirinto y Peracora, entre otros. Argos y las ciudades cercanas de Micenas y Esparta ya son mencionadas por Homero como las ciudades favoritas de Hera. Además, el culto a Hera era central en las islas de Delos y en Samos, donde se dice que Zeus y Hera se casaron en secreto. En Lacinium, en el sur de la actual Italia, cerca de Kroton, también había un templo dedicado a ella.

Atributos

La vaca y el pavo real estaban dedicados a Hera, y sobre todo la granada como símbolo de vida. A menudo se la representaba con un pavo real, un niño o un bastón. El pavo real tenía en su cola los ojos de Argos, a quien Hera había nombrado pastor de la vaca Io, en la que se había transformado una de las amantes de Zeus. Argos fue asesinado por Hermes y despojado de sus ojos. Hera es la protectora de los rebaños y Homero la llama "ojo de vaca".

Hera en las artes visuales

A menudo se representa a Hera sentada en un trono o vestida con una túnica y una corona en la cabeza. En su mano, muy a menudo sostiene una granada, símbolo de la fertilidad. Una famosa estatua de Policleto la representa sentada en un trono y con una corona decorada con las imágenes de las Caritas y los Cuernos. En una mano sostiene una granada y en la otra su cetro sobre el que se encuentra un cuco, otro símbolo de la fertilidad.

Hermes

Dios con numerosas funciones y el mensajero de los dioses

Su homólogo en la mitología romana era Mercurio.

Hermes (griego antiguo: Ἑρμῆς, también *Hermeias* Ἑρμείας, dórico: Ἑρμᾶς) es una figura de la mitología griega. Es hijo del dios principal Zeus y de la ninfa de la montaña Maia, y se le conoce especialmente como el dios del comercio, los viajeros, los caminos y los ladrones. También es el mensajero de los dioses.

Originalmente, era una deidad fálica y, procedente de la tierra pastoral de Arcadia, Hermes era también el *nomios*, el dios del pastoreo, que protegía a los pastores y a los rebaños. Sin embargo, más tarde se atribuyeron a Hermes muchas otras cualidades y atributos. Por ejemplo, asumió la tarea de mensajero de los dioses de Iris, lo que también le convirtió en Hermes Psychopompos: el compañero de las almas que las llevaba al inframundo.

Sus constantes viajes lo convirtieron en patrón de los viajeros, su aspecto atlético y juvenil lo hizo patrón de los atletas y los deportes, y sus escapadas juveniles (véase: Mitos en torno a Hermes) lo hicieron patrón de los ladrones. Como flotaba constantemente por el aire utilizando sus atributos alados, Hermes se convirtió en dios del tráfico y el comercio, y su elocuencia también le valió la reverencia de Hermes: se convirtió en el dios de la elocuencia. Por último, Hermes también era considerado el dios del sueño y de los sueños: tocando su caduceo, podía hacer que la gente se durmiera y se despertara.

Sin embargo, Hermes no sólo era una deidad muy atlética: más tarde, la gente incluso vio en él al inventor de la escritura, las matemáticas y la astronomía. Y también se atribuyeron a Hermes toda clase de cosas útiles y agradables, como la lira, la flauta y las pesas y medidas. También fue mecenas de pintores.

A menudo se identifica a Mercurio como el equivalente de Hermes en la mitología romana. Sin embargo, esto no es del todo correcto. Es cierto que Mercurio se inspiró en Hermes; después de todo, es el dios del Comercio y también lleva los atributos de Hermes. Pero los griegos apenas veneraban a Hermes como dios del comercio; para ellos era principalmente el dios de los viajeros y el mensajero de los dioses. Por lo tanto, equiparar a Hermes y Mercurio no es correcto: el énfasis de los dos dioses es bastante diferente.

Hermes y Apolo

Hermes nació en una cueva de Arcadia. Poco después de su nacimiento, inventó la lira ensartando el caparazón de una tortuga con cuerdas. Momentos después, se escapó de su cuna y salió a hurtadillas de la cueva. No mucho más tarde, se encontró con un gran grupo de ganado que pertenecía a Apolo. Hermes pensó que eran bellas bestias y decidió llevarlas con él.

A un pastor que observaba todo esto le obligó a jurar que nunca lo contaría. El pastor, llamado Battus, se lo juró al joven dios y Hermes continuó su camino de vuelta a su cueva natal. Cuando Apolo descubrió que le habían robado el ganado, obligó a Battus a decirle quién lo había robado.

Apolo se dirigió a la cueva en la que Hermes se encontraba ahora en su cuna y le ordenó que devolviera sus vacas. Mientras Hermes y Apolo caminaban hacia el lugar donde Hermes había escondido el ganado, Hermes tocaba una melodía en su lira. Apolo quedó tan impresionado por el instrumento musical que pidió a Hermes que se lo regalara. A cambio de la lira, sin embargo, Hermes pidió el rebaño de ganado, y así nació el comercio.Las cosas no terminaron tan bien para el pastor Battus, que fue convertido en un bloque de piedra por Hermes debido a su infidelidad.

Más tarde, la relación entre los hermanos Hermes y Apolo mejoró considerablemente. Apolo incluso le dio a Hermes su caduceo, el bastón envuelto en una serpiente, que ha sido un atributo permanente de Hermes desde entonces.

Hermes y Argos

Había una vez una hermosa ninfa llamada Io, que entró al servicio de Hera como doncella. Era realmente hermosa y Zeus pronto se encaprichó de ella. Hera, que sí se dio cuenta de que Io era una mujer hermosa, se puso lentamente celosa. Para proteger a Io de los celos de Hera, Zeus la transformó en una vaca. Sin embargo, Hera se dio cuenta de ello y ordenó a Zeus que le regalara la vaca, tras lo cual se la entregó al pastor Argos. Argos era un gigante con cien ojos e incluso cuando dormía le quedaban dos para vigilar a su rebaño.

A pesar de este contratiempo, Zeus no se quedó de brazos cruzados, sino que ordenó al astuto Hermes que liberara a Io. Hermes, incapaz de ignorar una petición del dios principal, partió hacia Nemea, la ciudad donde Argos tenía cautiva a Io. Tras una breve charla con Argos, Hermes tocó una melodía con su flauta, tan soporífera que hasta los dos últimos ojos de Argos se cerraron. Hermes entonces cortó la cabeza de Argos y liberó a Io. Cuando Hera se percató de ello, envió un avispero que hizo correr a la pobre vaca; Io corrió por todo el país hasta que finalmente saltó al mar en Epiro; este mar se llamó más tarde también mar Jónico. En Egipto, Zeus devolvió a Io su forma normal. Tampoco el cadáver de Argos quedó intacto: Hera tomó los cien ojos y los esparció sobre la cola de su pavo real favorito.

Hestia

Diosa del hogar, la casa y la familia

Hestia está asociada a la diosa romana Vesta.

Hestia (griego antiguo: Ἑστία, *Hestía*; jónico: Ἱστία, *Istía*; también conocido como Ἑξία, **Hexía** y Ἑστρία, **Hestría**) es un personaje de la mitología griega. Era la hija mayor de Kronos y Rheia y, por tanto, también la hermana mayor de Zeus. Sin embargo, según la creencia popular de los griegos, era la más joven de las deidades que vivían en el Olimpo, ya que en ninguno de los poemas de Homero se menciona su nombre. Como la mayor, sería tragada primero por su padre (Kronos) y escupida de nuevo al final, de modo que en su "segundo nacimiento" era la más joven

Etimología y poderes

Hestia es ante todo la diosa del fuego y, más concretamente, del hogar doméstico. Donde no hay hogar, no es posible una sociedad acogedora y ordenada. Por lo tanto, esto es fundado y promovido por ella, y eso tanto entre los dioses como entre los humanos. Así, cuando se aporta también el significado de su nombre, se llega a la explicación de lo que era Hestia como diosa de la naturaleza. Su nombre la designa como la diosa "que da firmeza". Por lo tanto, es probable que sea originalmente una personificación de la tierra, como el sólido trono, en el que los dioses olímpicos construyeron sus moradas eternas y que es, por así decirlo, el hogar del universo, sobre el que arde el fuego del éter.

Sin embargo, su importancia como diosa de la naturaleza en la mitología griega se desvaneció por completo. El fuego, del que Hestia era la personificación o la protectora, pronto significó un fuego de sacrificio, ya que se encontraba en el hogar doméstico de cada casa griega. En el hogar doméstico, según la antigua y ancestral costumbre, cada cabeza de familia hacía ofrendas en beneficio de su familia como un sacerdote de los dioses. Cada acontecimiento especial en la vida de la familia daba lugar a una ofrenda, hecha a ella. Así, se sacrificaba a Hestia al emprender un viaje, al volver a casa, al acoger a nuevos miembros en el hogar, incluso a los esclavos, especialmente al nacer los hijos, al darles su nombre, al casarse y al morir. Una peculiaridad especial del hogar doméstico, que es una prueba contundente de la gran reverencia que se le tenía a Hestia, radica en que, como su altar, era un asilo, donde el extranjero, incluso el enemigo, encontraba un refugio seguro. Todos los que se quedaban en la casa y sacrificaban en su altar tenían el mismo derecho a su protección. Zeus también tenía debilidad por su hermana mayor y castigaba a todos los que no atendían las súplicas de los necesitados. Así, se convirtió también en la diosa de la hospitalidad. También se dice que Hestia enseñó arquitectura a los humanos cuando vio que éstos tenían que refugiarse en cuevas de la lluvia, provocada por su hermano.

El hogar es la base del Estado. Así que no hace falta decir que la diosa, que se dejaba adorar en el centro del círculo doméstico, se convirtió también en la protectora del estado, que cada estado tenía también un hogar común, en el que se hacían sacrificios a Hestia en aras de la prosperidad común.

Diversas sociedades y hermandades, que emanaban del estado, tenían cada una su propio altar, en el que se hacían ofrendas a la diosa, pero cada estado tenía también su propio altar, que estaba dedicado a Hestia. Ese altar se encontraba en el Prytaneion, originalmente la casa, donde vivía el rey, más tarde el edificio, donde se encontraba el gobierno. En ese altar se mantenía un fuego eterno en honor a Hestia, y de su combustión dependía la salvación del estado. Era una llamativa costumbre que los colonos que salían de Grecia al extranjero se llevaran una parte del fuego del altar de Hestia para encender el fuego en el altar erigido en su honor en el Prytaneion de la *polis* que iban a fundar, con el fin de mantener la estrecha conexión entre *metrópoli* y colonia a través de este culto.

Y así como cada estado griego tenía su propio altar y su propio culto a Hestia, toda Grecia en conjunto tenía un santuario separado dedicado a ella. En el templo de Apolo en Delfos se encontraba su altar más famoso. Ese era el centro de su culto. También se mantenía allí un fuego eterno. Se creía que en el lugar donde se encontraba el altar de Hestia en Delfos, se podía ver no sólo el centro, o como decían los griegos, "el ombligo" de toda Grecia, sino incluso de toda la tierra. Quien acudía a Delfos para pedir consejo al oráculo empezaba por ofrecer sus sacrificios en este altar. Fue en ese altar donde Orestes fue limpiado de su crimen por Apolo. En ese altar se sacrificaban también los cantores, que esperaban recibir de Apolo el don de la poesía. El fuego que ardía allí en honor de la diosa era, según los griegos, como la imagen del espejo del fuego que ardía en el hogar sagrado de la morada de Zeus en el Olimpo.

Puro y limpio como es el fuego, era también la esencia de la diosa. Por eso siempre se mantuvo virgen. Había jurado permanecer así, tocando con su mano la cabeza de Zeus, de la que había salido la virgen Atenea. Esta es precisamente la gran distinción entre ella y Gaia, la madre nutricia de todos y cada uno, que nunca deja de dar vida a nuevas criaturas.

El alto honor que le otorgaban los griegos se desprende también de que la saga cuenta que Apolo y Poseidón habían competido en vano por su mano.

Servicio de adoración de Hestia

Por muy grande que fuera el prestigio de Hestia entre los griegos, su culto era muy sencillo. Los templos dedicados a ella eran pocos, ya que todos los hogares y altares ardientes eran sus símbolos. En muchos templos también se erigía un altar independiente para ella. En los grandes sacrificios solemnes, solían comenzar con una ofrenda a Hestia, a la que también se honraba al final de la ceremonia. Según una antigua leyenda, cuando el mundo se dividió tras la victoria sobre los Titanes, Hestia había exigido para sí una virginidad eterna y las primicias de todos los sacrificios. De este modo, recibía su parte de cada oración, cada acto religioso, cada sacrificio y cada comida festiva posterior.

Sus principales lugares de culto se encontraban en Atenas, Oropos, Hermione, Esparta, Olimpia, Larisa y la isla de Ténedos en el mar Egeo.

Hestia en las artes visuales

Evidentemente, los escultores tuvieron que esforzarse para que la diosa tuviera un aspecto serio, casto y digno. A veces se la representaba sentada, a veces en una posición tranquila, de pie. La estatua más famosa de la diosa que ha sobrevivido desde la antigüedad estaba en el Palacio Giustiniani de Roma. La imagen de la derecha lo muestra. El rostro de la diosa tiene rasgos serios. Sus ropas ceñidas cubren todo su cuerpo, su pelo está recogido de forma muy sencilla, la parte posterior de su cabeza y sus hombros están cubiertos con un velo. Una de sus manos se apoya en el costado en señal de calma, la otra apunta al cielo, que ella representa en la tierra a través de su poder y actividad omnipresentes.

Poseidón

Dios del mar, del agua y de los terremotos

Los romanos identificaban a su dios Neptuno con Poseidón.

En la mitología griega, **Poseidón** (griego antiguo: Ποσειδῶν, *Poseidõn*; dórico: Ποτειδαν, *Poteidan*, Ποσειδάων, *Poseidáôn*) es el dios que gobierna el mar, las aguas y sus dioses. Pero también era el dios de los caballos y, como "agitador de la tierra", de los terremotos. El equivalente romano es Neptuno. A menudo se le representa con un tridente.

Origen

El nombre de Poseidón, a diferencia de la mayoría de los demás dioses, tiene una derivación indoeuropea. La primera parte de su nombre es el vocativo del griego πόσις / pósis ("marido legítimo") o del indoeuropeo *pot- ("señor"): πόσει / pósei o πότει / pótei. Algunos asocian la segunda parte de su nombre con δᾶ / dã ("tierra") o -δᾶν / -dãn (cf. Zeus, "dios").

En las tablillas de arcilla lineales B que se conservan, el nombre PO-SE-DA-O-NE ("Poseidón") aparece con más frecuencia que DI-U-JA (Zeus), lo que parece indicar que Poseidón era muy apreciado por los micénicos. Sin embargo, tal vez haya que matizarlo porque Poseidón parece haber sido el dios principal en Pilos, donde se ha encontrado un gran número de estas tablillas. También se ha encontrado una variante femenina, PO-SE-DE-IA, que presumiblemente indica una diosa compañera desaparecida. Las tablillas de Pilos informan de ofrendas dirigidas a "las dos reinas y Poseidón" y a "las dos reinas y el rey", aunque Chadwick considera que *wa-na-so-i* es un lugar o edificio. Si las "dos reinas" se refieren a diosas, probablemente se refieran a las diosas de la tierra Deméter y Perséfone o a sus predecesoras, diosas que dejaron de estar asociadas a Poseidón en períodos posteriores.

Poseidón ya era conocido como "Agitador de la Tierra" -E-NE-SI-DA-O-NE- en la Cnosos micénica, un poderoso atributo cuando se sabe que los terremotos habían acompañado el colapso de la cultura paleo minoica. Sorprendentemente, hasta ahora no se ha encontrado ningún vínculo entre Poseidón y el mar en la cultura micénica, muy dependiente del mar. Esto sugiere que Poseidón era originalmente un dios ctónico (es decir, un dios relacionado con la tierra), que sólo posteriormente obtuvo su autoridad sobre el mar.

Esto también es evidente en los mitos. Poseidón nació como hijo de Kronos y Rheia, de la que también derivó su epíteto Kronios. Junto con sus hermanos, fue supuestamente devorado por su padre, que los vomitó cuando su hijo menor Zeus lo destronó. Según otros, tras su nacimiento, Rea lo escondió entre un rebaño de corderos y su madre fingió haber dado a luz a un caballo joven, que entregó a Kronos para que lo devorara. Se dice que un manantial cerca de Mantineia, donde se dice que Poseidón estaba escondido, llamado *Arne* o "Lam(sbron)", tomó su nombre de esto. Según Ioannes Tzetzes, la nodriza de Poseidón llevaba el nombre de Arne. Cuando Kronos buscó a su hijo, se dice que Arne dijo que no sabía dónde estaba. De ella se dice que la ciudad de Arne tomó su nombre. Sin embargo, según otros, fue criado por los Telchin a petición de Rea.

Después de la victoria sobre los Titanes y el establecimiento del gobierno de Zeus, cuando el mundo fue dividido por el destino, el mar había sido asignado a Poseidón. Por lo tanto, habría entrado en asociación con ese elemento por casualidad. Sin embargo, hay que matizarlo: aunque había un importante componente ctónico en el ser de Poseidón, su conexión con el agua en todas sus formas terrestres era una parte igualmente esencial de él.

Adoración

El culto a Poseidón en Grecia era muy generalizado. Prácticamente todas las tribus griegas y todos los paisajes griegos estaban, aunque de forma diferente, estrechamente relacionados con él. Primero Tesalia, que debía su existencia y su formación, por así decirlo, a las grandes inundaciones y a los terremotos tormentosos, en los que el propio dios, al desgarrar las montañas, había proporcionado al exceso de agua un paso hacia el mar, y luego Beocia, que estaba tan ricamente provista de agua y en parte en sus grandes cuencas de agua, como el lago Kopaïs, había experimentado en gran medida la influencia del dios. Ambos países estaban habitados por la tribu de los minianos, conocidos por su carácter caballeresco y su afición a las excursiones marítimas. Más allá, en el Peloponeso, donde en Isthmos, creada como para el comercio marítimo, con su gran ciudad comercial de Corinto, el culto al dios, que podía conceder todos los buenos dones, pero también podía infligir los mayores desastres, ocupaba un lugar destacado en la vida religiosa como algo natural. La estrecha franja costera, situada en el extremo norte del Peloponeso, era casi en su totalidad propiedad del dios. En el templo de Poseidón en Isthmos también se construyó el primer barco de la historia, el Argo. Allí, tras sus gloriosas victorias sobre los persas, que sentaron las bases de su poderío naval, los griegos le dedicaron una colosal estatua de cobre. Pero también en el interior del Peloponeso, en Arkadia, donde los ríos a veces desaparecían bajo tierra y luego reaparecían de repente, donde se encontraban cuencas subterráneas en cuevas profundas, Poseidón gozaba de gran veneración.

En Troizen se le veneraba como *basileus* ("rey") y fue allí donde se dice que engendró a Teseo, el posterior rey de Atenas. También fue venerado como *wanax* ("rey", "líder") en Corinto.

Por la posesión de Atenas, había luchado con la diosa Palas Atenea, y aunque también fue vencido por ésta, había dejado las huellas de su paso. Todavía se señala el lugar al pie de la Acrópolis donde golpeó la tierra con su tridente. Sin embargo, en el culto aparece como completamente reconciliado con Atenea, y fue casi sólo la gloriosa escultura en la superficie del frontón del Partenón la que conservó un recuerdo de aquella batalla. Por ello, en Atenas se celebraba una magnífica fiesta en su honor, la de Poseidón.

Igualmente, el servicio del dios estaba disperso en las colonias griegas. Por un lado, se le celebraba en las colonias jónicas, durante los Panioni, celebrados en su honor en el promontorio de Mykale, en Asia Menor, donde se encuentra el santuario del Poseidón helicoidal. Lo consideraban su mayor fiesta religiosa. También se le rendía culto en las colonias dóricas, pero aquí no se puede pasar por alto la interferencia y la confusión con el culto oriental.No hace falta decir que a un dios que era adorado en tantos lugares se le atribuían características y actividades muy diferentes, y que no en todas partes destacaban por igual los mismos rasgos de su ser.

El mes de diciembre/enero, en el que el mar se revela con su fuerza más impetuosa, recibió el nombre de *Poseideōn* (Ποσιδεών, más tarde Ποσειδεών) en el calendario ático. Sin embargo, en los demás calendarios de la Antigua Grecia no se nombra ningún mes con su nombre.

Características

El hogar de Poseidón no está en el Olimpo, al que sí tiene acceso, sino que con su consorte Anfítrite residía en su palacio dorado de Aigai, situado en las profundidades del mar.

En primer lugar, hay que señalar que Poseidón es uno de los dioses que más pronto perdió su importancia como dios de la naturaleza. Ya entre los poetas más antiguos, aparece como gobernante del mar, en ninguna parte como personificación del propio mar. Su poder, sin embargo, es limitado. Según Homero, es el hermano menor de Zeus, por lo que su subordinación a éste corresponde a los principios de la ley patriarcal. Por el contrario, con Hesiodos, Zeus es el más joven de los hijos de Kronos y Rheia, pero más sabio y fuerte que los predecesores. Poseidón carece de la elevada e impresionante compostura y sedación del gobernante de los cielos.

Aunque es poderoso y fuerte, es tan impetuoso como el elemento que gobierna. Si golpea el mar con su tridente, que siempre lleva en la mano como signo de su dignidad, las olas se levantan impetuosamente, aplastando los barcos e inundando la tierra a lo largo y ancho. Con el mismo tridente puede partir rocas, provocar terremotos y levantar islas del mar. En cambio, una sola palabra, sí, una sola mirada suya es suficiente para calmar la tormenta más feroz. Cuando cabalga en su carro de oro, con fuertes caballos equipados con cascos de cobre, sobre la llanura del mar a la velocidad del viento, entonces incluso las olas más altas le abren un camino suave y las monstruosas monstruosidades de las profundidades se levantan y bailan alrededor de su carro. Esta característica de su ser incluye también las batallas que libró con otras deidades por la posesión de regiones o ciudades, como con Palas Atenea sobre Atenas (cf. *supra*) y Troizen, con Helios sobre Corinto, con Hera sobre Argos. Una prueba de su poder son también los monstruos marinos, que puede concebir y que sólo pueden ser satisfechos con sacrificios sangrientos (por ejemplo, Hesione y Andrómeda.), los toros salvajes, que vienen del mar a sus órdenes para asolar los campos y matar a la gente, como el cretense o el maratoniano o como el toro que causó la muerte de Hipólito.

Por otra parte, su poder también lo convierte en el protector de todos los barqueros y pescadores. Estos le rezan por un viaje feliz y una rica pesca, y no dejan de ofrecerle sacrificios por el éxito de sus esfuerzos. La guerra marítima también estuvo bajo su dominio. Dio la victoria en la batalla naval. Por ello, todos los héroes del mar solían considerarse sus favoritos, a veces incluso sus hijos.

Un segundo rasgo en el ser de Poseidón es que agitaba la tierra pero, por otro lado, también la sostenía y la llevaba con sus poderosos brazos. Cuando los dioses participaron en la batalla por Troya, Zeus lanzó su rayo desde el cielo, pero Poseidón sacudió la tierra, de modo que ésta tembló sobre sus cimientos, y Aïdoneus, el príncipe de los fantasmas, temió que el dios del mar arrancara la tapa de su oscuro reino y lo abriera a la mirada de dioses y hombres. Por eso se le atribuían todos los terremotos, y allí donde se encontraban grandes grietas o fisuras en las rocas, donde los acantilados escarpados se elevaban hacia el mar, la gente creía reconocer las huellas del tridente de Poseidón. Este era el caso, sobre todo, de la isla de Nisyros, que, según se afirmaba, había sido arrancada de la isla de Kos por Poseidón en la Gigantomaquia y arrojada a la cabeza de uno de los Gigantes.

Atenas no era el único lugar donde el tridente del dios había dejado tres grandes aberturas en la tierra como señal de su presencia.

A menudo, también, hizo surgir islas del mar, como Rodas, Anafé, Delos, y como un hábil maestro de obras, las hizo descansar sobre sólidos cimientos, que se asentaban en el lecho marino. También construyó las puertas de cobre que cerraban el Tártaro, en el que Zeus había arrojado a los Titanes y a los Hekatoncheires. Asimismo, ayudó al rey Laomedonte de Troya a construir las murallas de su ciudad y lo castigó severamente cuando no quiso pagar los salarios estipulados por el trabajo. Esta infidelidad del rey convirtió a Poseidón en enemigo de los troyanos para siempre.

Poseidón es también el dios que da fertilidad a la tierra, que reparte bendiciones a través de los manantiales y ríos que crea, sí, a veces da manantiales cuya agua puede curar a los enfermos. Especialmente en las regiones que solían ser pobres en agua, esta característica de su ser pasó a primer plano; así en Arkadia y Argolis. Este último paisaje carecía del favor del dios, por lo que fue llamado en la saga, porque Inachos lo había asignado a Hera y no a Poseidón, sin embargo en un lugar el agua clara de un manantial todavía burbujea del suelo; es allí, donde Poseidón disfrutó del amor de Amymone, la hija de Danaos.Tal vez de este rasgo hay que explicar también el gran número de hijos que se le atribuyen (cf. *infra*).

Se le atribuye la creación del caballo, la cría de caballos, la equitación y todos los ejercicios caballerescos relacionados estaban bajo su protección. Especialmente los caballos de pastoreo, las manadas de caballos, estaban bajo el cuidado del dios, de hecho esto se extendía a todas las manadas en general.

Existen varias leyendas sobre el origen del caballo. A veces leemos que Poseidón la hizo aparecer golpeando una roca con su tridente, otras veces la hace nacer la tierra que él fertilizó. El primer caballo así creado se llamó Areion, al que, sin embargo, otras leyendas atribuyen un origen diferente. Perteneció primero a Heracles y luego a Adrastos, a quien generalmente se consideraba responsable de la doma del caballo; había aprendido a conducirlo y a enjaezarlo. Pero tuvo que compartir este honor con otras deidades, especialmente con Atenea, a la que también se consideraba la inventora de la rienda, circunstancia que dio lugar a una veneración común de las dos deidades, que antes se consideraban hostiles entre sí. Sin embargo, Poseidón tenía ante todo el nombre de *Hippios*, es decir, "el dios de los caballos", y a sus favoritos les regalaba hermosos caballos. Así los caballos con los que Idas consiguió salvar a Marpessa de la persecución de Apolo, así según algunos los caballos con los que Pélope consiguió la victoria sobre Oinomaos, mientras que otras leyendas, en cambio, llaman precisamente a los caballos de Oinomaos un regalo de Poseidón, así especialmente a Balios y Xanthos, los dos caballos de Aquiles. Estos caballos, que habían surgido de Poseidón, o habían sido regalados por él a sus amigos, no sólo eran alados, sino que también poseían el poder del habla.

Ni que decir tiene que el dios que estaba en tan estrecha relación con el caballo era también el dios de todas las carreras, ya sea con caballos o con coches de caballos. Sobresalir en esto, tener hermosos caballos, equiparlos de manera magnífica para los desfiles celebrados en algunas fiestas religiosas, o de manera expedita para la batalla, era un punto de honor entre los griegos considerables y ricos, especialmente entre los atenienses. Todo lo relacionado con ella estaba bajo el cuidado de Poseidón, y parece que en todos los lugares donde se adoraba al dios se celebraban periódicamente carreras en su honor. Más tarde, dos concursos de este tipo crecieron hasta tal punto que dejaron muy atrás a todos los demás, en primer lugar el de Onchestos, en Beocia, a orillas del lago Kopaïs, una ciudad dedicada por completo al servicio de Poseidón. Había un bosque sagrado, donde todos los auriculares solían enjaezar sus caballos, y hasta el caballo más fiero y salvaje se calmaba al entrar en ese bosque. Pero aún más gloriosos que estas carreras fueron los Juegos Ístmicos, que se convirtieron en uno de los cuatro Juegos Panhelénicos de los griegos. Con Poseidón, Melikertes fue así adorado, y su culto mezcló peculiarmente algunas costumbres extrañas y ajenas entre el servicio griego de Poseidón. Los Juegos Ístmicos eran muy antiguos. Se dice que fueron establecidas por el rey Sísifo de Corinto. Los corintios los gobernaban. La corona que se entregaba a los vencedores era antiguamente de hiedra, más tarde de ramas de pino, ambas destinadas a marcar la triste muerte de Melikertes.

Relaciones amorosas y niños

De su esposa legítima, Anfítrite, tuvo un hijo y tres hijas: Tritón, Rhode, Kymopolea y Benthesikyme.

Los hijos del poderoso e impetuoso dios son criaturas poderosas y feroces, así el cíclope Polifemo por la ninfa Thoosa, así el gran Kyknos, que fue derrotado por Aquiles, así Amykos, que cayó por el puño de Polideukes, así Korynetes, Prokrustes, Kerkyon y Skiron. Odiaba a Odiseo porque había cegado a su hijo Polifemo.

No había lugar en el que se adorara a Poseidón sin que se contara de mujeres, de ascendencia divina o humana, que le habían mostrado su amor allí y le habían dado hijos. Sin embargo, parte de la razón es el deseo de atribuir una descendencia divina a los *héroes,* que se consideraba el progenitor de un linaje o el fundador de una *polis*. Así, Poseidón es mencionado como el padre de Pelasgos, Hellen, Achaios, Minyas, Boiotos, Doros, Taras, Kalaurios. Se dice que la isla de Kalauria debe su nombre a esta última, donde había un santuario a Poseidón que era el centro de una antigua anfictionía.

El amor de Poseidón por Arne, es decir, "el cordero", que le dio a luz a Boiotos, y el mito que contaba que el dios se transformó en carnero para unirse a Teófano, a quien había dado forma de oveja, y concibió en ella al carnero con el vellocino de oro (véase Phrixos.), son ejemplos de la estrecha relación que se creía que tenía el dios con estos animales.

Cuando Poseidón concibió el amor por Tiro, la hermosa hija de Salmoneo, que a su vez amaba al dios del río Enipeo, y el dios se unió a ella bajo su apariencia, dio a luz a los gemelos Pelias y Neleo, a los que abandonó en medio de una manada de caballos pastando. El primero fue amamantado por una yegua, pero ambos se criaron entre caballos y se convirtieron en fuertes héroes, que se complacieron en todos los ejercicios caballerescos, difundieron el cultivo de su animal favorito al servicio de Poseidón, Pelias en Tesalia, Neleo en Pilos, y ambos fueron muy bendecidos por su padre. Del mismo modo, Hippothoön, el hijo que Alope, la hija de Kerkyon, dio a luz a Poseidón, fue encontrado por ella y amamantado por una yegua.

La saga de Melanippe, que abandonó a los gemelos Aiolos y Boiotos, que entregó al dios, en un establo, donde fueron amamantados por una vaca y custodiados por un toro, alude en cierta medida a la protección de Poseidón a los rebaños (cf. *supra*). El destino de Melanippe y sus hijos fue uno de los temas favoritos de los poetas trágicos.

En una leyenda originaria de Corinto, Poseidón es el padre del caballo alado Pegaso, que engendró con la Gorgo Medusa. Cuando el caballo fue entregado a Belerofonte para su uso, Poseidón le enseñó a domarlo y controlarlo.

También es padre de Crisáor, el luchador muy fuerte, literalmente: el de la espada de oro.

Entre sus seres queridos se encuentran Libia, Agenor, Belos, Ifimedeia, Aloeus y Molione.

Según Platón, Poseidón tuvo cinco hijos gemelos de la mujer Kleito y, como refuerzo, construyó anillos en una colina, tres de agua y dos de tierra, que se convertiría en la capital de la Atlántida. Su hijo mayor era Atlas, que gobernaba a los príncipes, sus nueve hermanos. Juntos gobernaban la isla, otras islas del Atlántico, el "continente que encierra el Océano" y los territorios de las Columnas de Hércules. Sus descendientes se degradaron por el ansia de poder y quisieron anexionar más territorio en el este. Los antiguos griegos del 9600 a.C., según Platón, consiguieron derrotar a los atlantes. Zeus acabó con la civilización atlántica con un diluvio y terremotos, pero en el proceso también destruyó la civilización ateniense de los antiguos griegos. Según Platón, Solón escuchó esta historia de los sacerdotes egipcios de Saïs.

Atributos y símbolos

Por tanto, el dios entró en estrecha relación con el mundo animal. Esos animales eran especialmente sagrados para él, en cuyos movimientos se creía notar cierta semejanza con los movimientos de las olas del mar. Así, las olas que chocaban contra los escarpados acantilados se comparaban con cabras que se atrevían a saltar de una punta rocosa a otra, y las otras olas con toros de cuernos torcidos. Incluso varias ciudades, que fueron santificadas al dios, llevaron sus nombres después de esto, así Aigai después de la palabra griega *aix*, que significa cabra, y Helike después de *helix*, que significa de cuernos torcidos. En otros lugares, las cabras y los corderos que pastan ocuparon su lugar.

Pero el animal favorito de Poseidón es el caballo, ya sea porque salta como las olas del mar, y también carga como ellas, o porque, como el propio dios, se complace en los prados húmedos.

Entre los animales, se santificó el delfín, su fiel compañero en el mar; entre los árboles, el pino, cuyas ramas servían de premio en el concurso que se celebraba en su honor y cuya madera es la de los barcos. Como sacrificios, se solían sacrificar toros negros a su servicio, también caballos, carneros y jabalíes.

Se le suele representar con un tridente, el arma que le habían dado los cíclopes antes de la batalla de los titanes.

En las artes visuales

En cuanto a la representación de Poseidón por las artes visuales, corresponde con bastante exactitud a las descripciones de los poetas. Sus imágenes se parecen mucho a las de Zeus. Un torso ancho, largos mechones caídos y ojos brillantes son el distintivo tanto del rey del cielo como del gobernante del mar. Pero los artistas dotaron a Poseidón de unos rasgos faciales más angulosos que los de Zeus y de un pelo ligeramente enmarañado en la cabeza. El arte más antiguo lo representaba vestido; en épocas posteriores, se hizo más común representar a Poseidón también desnudo. Normalmente tiene su tridente en las manos y está acompañado por un delfín. Lo sostiene con la mano o pone el pie sobre él. A menudo se le representa montado en un toro, en un caballo o en un carro, a menudo rodeado de todo tipo de criaturas marinas. A veces se sienta en un trono, a veces -y este es el caso especialmente de las estatuas colosales de este dios, que se encuentran a menudo cerca de los puertos y en los promontorios- se le representa de pie. También estas estatuas colosales pueden dividirse en dos tipos: por un lado, las que lo representaban con el tridente en alto y se referían a él como el dios del mar tormentoso y de los terremotos y, por otro, las estatuas en las que, apoyando una pierna en una roca, mira a lo lejos sobre la proa de un barco o sobre un delfín, dando la impresión del dios que, con un poder seguro de sí mismo, gobierna el mar, dirige el barco y lo lleva a buen puerto.

El Museo Arqueológico Nacional de Atenas alberga la antigua estatua de bronce de 2,09 m de altura del "dios del mar", a menudo llamada "Poseidón del cabo Artemisión" (que se encuentra en el extremo norte de Eubea). Mientras tanto, algunos historiadores del arte creen que es más probable que se trate de una estatua de Zeus, que lleva un haz de rayos horizontalmente en la mano vacía y levantada, ya que Zeus era el único dios con este atributo. De hecho, Poseidón no sostenía su tridente horizontalmente en la representación antigua. La comparación con los rostros de otras esculturas del estilo severo del siglo V a.C. apoya esta tesis.

Zeus

Rey de los dioses y gobernante del Monte Olimpo | Deidad del cielo

Los romanos identificaban a su dios principal, Júpiter, con Zeus.

Zeus (pronunciación común en los Países Bajos: *Zuis* o *Zeus*; griego antiguo: Ζεύς (*pronunciación griega antigua:* Zdews), genitivus Διός o Ζηνός) es una figura de la mitología griega.

Es el dios principal, que gobernaba desde el Monte Olimpo. Era hijo de Kronos (Lat. Saturno) y Rheia, dos de los 12 Titanes, los poderosos hijos de Ouranos, el dios del cielo. Kronos fue el sucesor de Ouranos. El equivalente de Zeus en la religión romana es Júpiter.

Eleuthereus aparece para algunos escritores como un apodo de Zeus.

El significado de su nombre (indoeuropeo *Djev = radiante, relacionado con el latín *dies* = día) indica una afinidad con el culto al brillante firmamento; la función más esencial de Zeus es la de dios del cielo. La naturaleza y todos sus fenómenos estaban sometidos a él. Él lanzó el rayo, reunió las nubes y las apartó; la lluvia y la nieve fueron causadas por él. Por ello, todo tipo de montañas altas se consideraban su morada: el Ida en Creta, el Licao en Arcadia, pero la más famosa es el Olimpo en Tesalia. El águila (originalmente un símbolo del rayo) era su ave sagrada, el roble su árbol sagrado, su escudo era la égida. Utilizando su rayo para provocar los relámpagos y los truenos, así como con el arco iris y el vuelo de los pájaros, Zeus daba presagios al hombre. En el oráculo de Dodona, los sacerdotes podían oír la voluntad de Zeus escuchando el susurro de los robles en el bosque sagrado de robles dedicado a Zeus.

Desde muy pronto, quizá ya en el periodo micénico (c. 1600 a c. 1100 a.C.), se convirtió en la figura central del panteón griego y dejó a los demás dioses en un segundo plano. Siguiendo el ejemplo de los jefes de linajes considerables en la tierra, presentaron a Zeus como jefe de la familia de dioses. Su familia también tenía su morada en el Olimpo y le obedecía. Así, Zeus se convirtió no sólo en el confirmador de la armonía en la naturaleza, sino sobre todo del orden social. Los reyes y los príncipes derivaban su poder de Zeus y respondían ante él. Era el dios consultivo, protector de la asamblea pública y ejecutor de los juramentos. La familia también estaba bajo su cuidado: como Zeus Herkeios (= Protector de la corte), tenía un altar en el patio de la casa. Especialmente los invitados y los extraños estaban bajo su protección.

Batalla de Zeus y Kronos

Zeus fue el único hijo que escapó a la voracidad de Kronos, que se había despertado cuando Gea predijo que uno de sus hijos lo derrocaría algún día del trono. Para evitarlo, se tragó a todos sus hijos. Pero la triste Rea se las arregló para mantener el nacimiento de Zeus en secreto y lo escondió en una remota y oscura cueva de Creta donde fue criado por las ninfas. Allí bebió leche de la cabra Amaltea y las abejas le trajeron miel. Ida y Adrasteia, hijas de Melisa, cuidaron de él y los sacerdotes de esa región, los Koureten, también ayudaron a proteger al joven dios. Vigilaban la cueva y, cuando lloraba, golpeaban con fuerza sus armaduras para que Kronos no oyera.

Cuando Zeus, de adulto, se enfrentó a su padre por su existencia y le exigió que le devolviera a sus hijos devorados pero inmortales, se inició una dura batalla por el poder. Fue entre Zeus por un lado y Kronos con la mayoría de los Titanes por el otro. Zeus liberó a los cíclopes y a los gigantes de cien brazos, los hekatónquiros, de la prisión de Kronos en el Tártaro, asegurando así su ayuda. Lanzó su arma principal, los rayos fabricados por los cíclopes, desde el Olimpo y continuó haciéndolo hasta salir victorioso. Así Zeus obtuvo el dominio del mundo. Los hermanos y hermanas de Zeus (Poseidón, Hades, Hera, Hestia y Deméter) tragados por Kronos fueron liberados de él. Con esto, una nueva generación de dioses, la de los dioses olímpicos, llegó al poder.

Zeus y los gigantes

Una segunda y terrible lucha por el poder se desencadenó cuando la madre primordial, Gea, de la Tierra, no soportó más ver a algunos de sus hijos cautivos en el inframundo; Zeus no los había liberado porque le habían sido hostiles. Animó a los Gigantes a librar con él la batalla por la supremacía celestial. Entonces estos gigantes se liberaron del inframundo con gran violencia y marcharon furiosos y excitados hacia las montañas de Tesalia.

Iris convocó a todos los cielos e incluso solicitó la ayuda de los espíritus de los muertos. Todos los elementos se agitaron: el cielo tronó y la tierra tembló. Cada dios participó en la batalla a su manera: Foibos Apolo disparó flechas, Hefistos lanzó carbones ardientes a los monstruos, Poseidón luchó con su tridente, las Moiras (diosas del destino) blandieron garrotes, Heracles (Hércules) luchó con valentía y el propio Zeus volvió a lanzar sus abrasadores rayos. Y al final, aunque los gigantes en su furia arrancaron montañas enteras y se amontonaron unas sobre otras, Zeus ganó la batalla y se convirtió en el gobernante del universo para siempre y sin oposición, como Supremo en el círculo de los dioses.

Hera y otros seres queridos

La esposa de Zeus era su hermana, la diosa Hera, tercera hija de Kronos. Sin embargo, para su gran enfado y tristeza, Zeus era a menudo alcanzado por las flechas del dios del amor eterno Eros y no podía resistirse al amor de otras mujeres. Hera era muy celosa e intentó de muchas maneras disuadir a Zeus de sus escapadas amorosas, pero a menudo en vano: tuvo al menos nueve relaciones con diosas y 14 con mujeres mortales de entre los hombres. Tuvo decenas de hijos con ellas. Incluso sedujo a la encantadora Europa convirtiéndose en un toro y secuestrándola.

El amor masculino tampoco fue rechazado en la mitología griega. Zeus, por ejemplo, le echó el ojo a Ganímedes. La historia se ha discutido a menudo en términos del papel de la homosexualidad en la cultura griega.

Hijos e hijas

Junto con Hera, tenía a Ares, el dios de la guerra. La hija de Zeus, la diosa del amor y la belleza Afrodita, surgió de la espuma del mar. Pero Afrodita también es vista a menudo como la hija de Ouranos, cuyos genitales fueron arrebatados por su propio hijo y cayeron al mar, de donde emergió Afrodita. Hera le otorgó a Hefistos, el dios de la forja, que sabía cómo domar el poder del fuego. Con Leto, una hija del titán Koios, Zeus tuvo dos hijos: Apolo, dios de la prosperidad y el orden, protector de la ley y de todo lo que es bueno y bello en la naturaleza y entre los hombres, y Artemisa, diosa protectora y salvadora de la naturaleza. Ambos eran solteros. El hijo de Zeus, Heracles, nació en la tierra. Con Leda, engendró a los gemelos Cástor y Pólux y a su hermana Helena, que desempeñó un papel importante en la guerra de Troya. El mortal Tantalos, rey de Lidia, era también (probablemente) un hijo suyo.

Por último, estaba Palas Atenea, la hija predilecta de Zeus, la diosa de la sabiduría, pues había surgido de su mente después de que él se hubiera tragado a la diosa Metis. Por lo tanto, era una poderosa y sabia líder y patrona de estados y ciudades en la guerra y en la paz. Dionysos también era hijo de Zeus. Dionysos nació de la cadera de Zeus. Dionysos es el dios del vino y la relajación. Con la mortal Danaë, engendró a Perseo. Este último se hizo famoso más tarde por su lucha con Medusa, en la que la decapitó.

La diosa Iris era la mensajera, a través de la cual se producía la comunicación entre los dioses y los humanos. Hermes también era mensajero de los dioses. Acompañó a los espíritus de los muertos al Hades.

Arte y atrezzo

En el arte visual, Zeus es representado mayoritariamente como un hombre digno y regio, con barba y cabello frondosos. En las representaciones más antiguas, lleva una corona de hojas de roble, más tarde una corona de laurel. Sus atributos, dependiendo de la función en la que se le represente, incluyen un cetro, un cuenco de sacrificio, un águila o un pequeño Nikè, un rayo y un globo terráqueo.

La estatua más famosa de Zeus en la antigüedad fue la estatua sedente de oro y marfil (considerada una de las siete maravillas del mundo antiguo, conocida por algunas monedas y por una descripción de Pausanias; perdida) realizada por Fidias para su templo de Olimpia.

Zeus entre los pueblos no griegos

En la antigüedad, hubo muchos contactos entre los distintos pueblos marineros, y adoptaron muchos elementos de las distintas religiones entre sí.

Así, incluso antes de la época helenística, Zeus era conocido por los frigios y se identificaba con el dios Amón como dios supremo, por lo que también era adorado como Zeus-Amón. Amón era considerado un dios tanto entre los egipcios como entre los pueblos libios, con diferentes interpretaciones.

Los romanos identificaban a Zeus con Júpiter, los pueblos germánicos con Wodan y los escandinavos con Odín.

Titanes y titanesas

Cronus

Cronos fue identificado posteriormente con el dios romano Saturno.

Kronos (griego antiguo: Κρόνος) o **Cronos** (latinizado) es una figura de la mitología griega. El equivalente en la mitología romana es Saturno. Es el más joven de los Titanes, hijo de Ouranos y Gaia. Cronos se confunde a menudo con el dios primordial Cronos, que surgió del Caos, pero son dos entidades separadas y distintas que sólo se parecen en el nombre.

Dominación del mundo

El padre de Kronos, Ouranos, celoso de todos sus hijos, los arrojó a las profundidades de la tierra. La madre de Kronos, Gea, quería vengarse e instó a Kronos a castrar a su padre. Esto lo hizo Kronos con una hoz. Entonces se convirtió en gobernante en lugar de su padre. Se casó con su hermana Rea, pero no quiso que ninguno de los hijos nacidos de este matrimonio viviera, ya que sus padres le habían profetizado que uno de ellos le privaría de su gobierno. En cuanto nacieron los niños, los devoró con piel y pelo. Así, se tragó sucesivamente a Hestia, Deméter, Hera,

Hades y Poseidón. Cuando Rheia quedó embarazada de Zeus, huyó a Creta y dio a luz allí en secreto. Para engañar a Kronos, le dio una piedra envuelta en tela, que fue tragada por Kronos. Así, Zeus se salvó. Una vez que Zeus creció, obligó a Kronos a ingerir una mezcla de vino y mostaza y a escupir a todos los niños tragados por él. Con la ayuda de sus hermanos, hermanas, algunos titanes y otros aliados entre los dioses, Zeus arrolló y destronó a Crono y se convirtió en el rey de los dioses y los hombres. Junto con sus hermanos Hades y Poseidón, cortó a Kronos en pedazos y lo arrojó al Tártaro.

Kronos y sus aliados fueron encarcelados en las profundidades de Tartaros, rodeados por una noche de tres y dos, y estrictamente vigilados por los Cíclopes y los Hekatoncheires. Según algunas fuentes, más tarde fueron indultados y se les permitió permanecer en los campos elíseos. Otros mitos dicen que Zeus permitió a Kronos escapar a Italia, tras lo cual se convirtió en el gobernante de Italia allí.

Baal Hammon

El dios principal Baal Hammon de los cartagineses fue identificado con Kronos en la Interpretatio Graeca.

Gaea

Gea, o Ge, es la personificación de la Tierra como diosa

Gea (griego antiguo: Γαῖα, Γαῖη o Γῆ) o **Gaea** (latinizada) es una figura de la mitología griega. Es la madre primordial, la Tierra, que surgió del Caos al principio de las cosas. El caos contenía todos los componentes básicos, los cuatro elementos tierra, agua, aire y fuego. De ellas, entre otras cosas, surgió Gaia.

Características externas

Gea, la diosa de la naturaleza y de la Tierra, era representada como una mujer regordeta, a menudo surgiendo del suelo, siempre unida a él. En la mitología griega, la Tierra se veía como un disco plano (Tierra plana), rodeado por el río Okeanos (el océano), que sostenía la cúpula celeste de Ouranos.

Vástagos

Según las sagas y los mitos griegos, Eros llevó a Gea a vincularse con el agua y el cielo, dando así origen al mar (Pontos) y al cielo (Ouranos). También los titanes, los tres cíclopes tuertos y los tres gigantes de cien brazos surgieron de la madre Tierra primordial. Estos últimos se llamaban Briareos, Gyes y Kottos y cada uno tenía también cincuenta cabezas. También se les llamaba los Hekatoncheirs. Los Titanes y los Cíclopes fueron engendrados por Ouranos.

Como se muestra en el árbol genealógico, Gaia es la madre de algunas especies. Los titanes y los cíclopes. También hay otra especie que no se sabe si desciende de ella. En concreto, se trata de los gigantes.

El amor maternal de Gaia juega un papel importante en las historias. Cuando Ouranos se sintió amenazado por los cíclopes gigantes y los encerró en el abismo Tartaros, intentó proteger a sus hijos de él. Pidió ayuda a los Titanes, pero sólo el más joven, Kronos, acudió a su llamada. Gea dejó que el hierro surgiera en su vientre terrenal, hizo una guadaña afilada y se la dio a Kronos como arma. Con ella, mutiló a su padre Ouranos y le arrebató las riendas. Esto trajo el crimen y la violencia al mundo.

Este acto de violencia tuvo más consecuencias, ya que de las gotas de sangre que cayeron a la tierra surgieron las Gigantes, un género de gigantes, y las Erinyes, las horribles diosas de la venganza. Además, se pronunció un oráculo sobre Kronos que decía que uno de sus propios hijos también lo depondría de su trono. Su hijo Zeus sí llevaría a cabo el oráculo.

Más tarde, Gea desempeñó otro papel importante en la segunda gran guerra por la supremacía celestial, entre Zeus y sus oponentes, los monstruosos Gigantes. No podía soportar ver a sus hijos atormentados en el Tártaro y los llamó a luchar contra Zeus. Lo hicieron, pero sin éxito. Zeus se había convertido en el gran gobernante del cielo para siempre después de esta guerra.

En otras religiones

La idea de una diosa de la naturaleza es mucho más antigua que la civilización griega. Sin embargo, no se sabe cómo la llamaban las personas mayores. Los arqueólogos han encontrado las llamadas figuritas de Venus de la Edad de Piedra. Incluso hoy en día, es venerada por las religiones paganas, ya sea como diosa o como fuerza de la naturaleza.

Atlas

Atlas (griego antiguo: Ἄτλας - "el portador", de τλάω / tláô, "llevar, sostener") es una figura de la mitología griega. Según la leyenda, Atlas lleva los cielos sobre sus hombros como castigo y se asocia con las montañas del Atlas, la Atlántida y el océano Atlántico. En realidad, puede haber sido rey de Mauretania.

Familia de dioses

Se dice que Atlas es hijo de Iapetus, Poseidón u Ouranos. Atlas es el padre de Maia y, por tanto, el abuelo de Hermes. Las otras seis Pléyades también son hijas de Atlas y juntas se denominan "Atlántidas" ("ides" es un sufijo griego; significa hijo o hija) . Calipso, que residía en la isla de Ogigia, en medio del océano, también era hija de Atlas.

Castigo

Atlas era uno de los hijos del Titán Iapetus. A diferencia de sus hermanos Prometeo y Epimeteo, Atlas luchó junto a los Titanes que apoyaron a Kronos en la guerra contra Zeus. Debido a la avanzada edad de Kronos, fue Atlas quien dirigió a los Titanes en la batalla. Como resultado, Atlas recibió un castigo especial de Zeus y fue condenado a situarse en el borde occidental de la tierra (Gea) y a cargar la bóveda celeste (Urano) sobre sus hombros, impidiendo que mantuvieran su unión original.

Atlantis

Según Platón, Atlas era el hijo mayor del dios del mar Poseidón y de la mujer Cleito y tenía nueve hermanos a los que gobernaba como rey. Los diez tenían una parte de la Atlántida que gobernar, islas asociadas y territorios del continente occidental y al este dentro de las Columnas de Hércules (nombre actual: Peñón de Gibraltar). El océano Atlántico lleva el nombre de la Atlántida. Sus lejanos descendientes se degradaron y quisieron conquistar más territorio en el este por ansias de poder. Los antiguos griegos de Atenas consiguieron evitarlo, según Platón, alrededor del año 9600 antes de Cristo. Zeus acabó con la civilización atlántica con un diluvio y terremotos, pero al mismo tiempo la antigua civilización griega se hundió con ella.

Según el historiador fenicio Sanchuniathon, Atlas fue enterrado en un profundo agujero en la tierra por orden de su hermano Cronos, porque éste no se fiaba de Atlas. Tanto Cronos como Atlas eran hijos de Ouranos, según la historia de Sanchuniathon.

Encuentro con Heracles

Atlas desempeña un papel en los doce trabajos de Heracles. Heracles recibió la orden de robar las manzanas de oro del árbol del jardín de las Hespérides, pero un mortal no podía hacerlo impunemente, ya que el árbol era un regalo de bodas de Gea a Zeus y Hera. Por ello, Heracles se dirigió a Atlas, que según algunas fuentes es el padre de las Hespérides, y le pidió que recogiera las manzanas mientras él se hacía cargo de la bóveda celeste por un tiempo. Pero cuando Atlas regresó con las manzanas, éste no quiso hacerse cargo de nuevo de la bóveda celeste y le sugirió que las entregara él mismo. Heracles utilizó un ardid y le pidió a Atlas que se hiciera cargo de la carga por un momento para poder ponerle un paño sobre los hombros y hacer más llevadero el peso. Cuando Atlas volvió a levantar el cielo por un momento, Heracles se alejó con las manzanas.

En una versión alternativa, Heracles construyó los pilares de Heracles que llevan el cielo, liberando a Atlas de su castigo.

Origen de las montañas del Atlas

Para Herodotos, el Atlas ya se equiparaba con las montañas del Atlas del mismo nombre. Según este mito, Atlas intentó ahuyentar al perdido Perseo. Pero Perseo utilizó la cabeza de Medusa para convertir a Atlas en piedra y, al caer, se crearon las montañas del Atlas. Esta historia no puede conciliarse con los relatos en los que Atlas conoce y ayuda a Heracles con sus 12 trabajos, porque Heracles es empleado por el nieto de Perseo, Euristeo.

Influencia cultural

Atlas también está representado en el Palacio de la Plaza Dam de Ámsterdam. Sobre el frontón de la fachada trasera del Nieuwezijds Voorburgwal, Atlas se alza la bóveda celeste. Diseñada por Artus Quellinus y fundida por el famoso fundidor de campanas François Hemony También hay una estatua de Atlas colocada en la Sala de los Ciudadanos, en el lado oeste. A los niños se les decía que Ámsterdam caería si Atlas dejaba caer su globo terráqueo.

Además, Atlas se encuentra entre dos Fama en muchos relojes de cola frisones.

Prometeo

Prometeo (griego antiguo Προμηθεύς) es una figura de la mitología griega, que lo clasifica entre el género de los titanes y lo ve como protector o incluso creador del hombre. Sus mitos son más conocidos por las obras de Hesiodos y por la tragedia *Prometeo embelesado*, pero también por los escritos posteriores de pseudo-Apolodoro y Ovidio. Se dice que su nombre significa "conocer de antemano" o "prever", a diferencia de su hermano Epimeteo ("el que piensa después").

Mitos

Según la *Teogonía de* Hesiodo, del siglo VIII a.C., Prometeo era hijo del titán Iapetos y de la oceánide Climeno (o Asia), que más tarde se convirtió en su amante. Otras fuentes mencionan a Themis como su madre. Además, era hermano de Atlas y Epimeteo, entre otros, que se casó con Pandora. Prometeo debía su inmortalidad a Quirón, el centauro.

La *Bibliotheka* de pseudo-Apollodoros y *las Metamorfosis* de Ovidio cuentan que Prometeo y la diosa Atenea crearon juntos a los primeros humanos de arcilla en la ciudad de Panopeo. En la antigüedad, las piedras de color arena cercanas a esta ciudad eran una atracción turística, pues se decía que eran restos de un antiguo experimento de creación realizado por Prometeo. La creación fue encargada por Zeus, que, sin embargo, luego se mostró menos aficionado a la humanidad.

Durante una disputa entre Zeus y los humanos sobre el reparto de los animales de sacrificio, Prometeo se erigió en árbitro. Cubrió un montón de huesos con grasa de aspecto sabroso, escondió la mejor carne bajo un montón de vísceras y luego dejó que Zeus eligiera primero. La deidad omnisciente se hizo la desentendida y eligió el primer montón. En venganza, resolvió ocultar al hombre el secreto del fuego.

Sin embargo, en lo que respecta a la asignación de dones y habilidades, los seres humanos ya estaban en desventaja. Tanto en términos de instintos de supervivencia como de defensas naturales, otros seres vivos estaban mucho mejor. Por amor a la humanidad, Prometeo robó el fuego a los dioses del Olimpo y lo entregó a los humanos. Enseñó a los humanos a trabajar el metal con él y les enseñó la ciencia y el arte. Prometeo era representado como un maestro e inventor, que enseñaba a las personas el respeto mutuo y les enseñaba a pensar en el futuro. Según la tragedia ática *Prometeo cautivo* - probablemente atribuida erróneamente a Aischylos - el Titán también frustró un plan de Zeus para destruir a la humanidad.

Zeus castigó a Prometeo y a los humanos por robar el fuego prohibido del cielo. La némesis, "justicia vengadora", cayó en manos del Titán: fue encadenado a un pilar en la cordillera del Cáucaso y cada día el águila Ethon venía a picotear su hígado y a comérselo. Por la noche, el hígado volvió a crecer, por lo que el tormento pudo comenzar de nuevo. La némesis pretendida como eterna llegó a su fin porque el héroe Heracles, con la aprobación de Zeus, mató al águila durante su undécimo trabajo. Hesiodos no lo menciona, pero según *Prometeo esposado*, el cautivo también fue liberado de sus cadenas.

El castigo para la humanidad también fue duro y no se acortó. Zeus mandó hacer la primera mujer, Pandora, y la envió con su belleza, encantos y artimañas a Epimeteo. Este Titán de pocas luces había sido advertido por su hermano Prometeo de que no aceptara regalos de los dioses, pero Pandora los aceptó. Abrió el frasco que llevaba y dejó que la guerra, la enfermedad, la pobreza y otros males se escaparan al mundo. Sólo quedaba la esperanza en el fondo.

Prometeo tuvo un hijo Deukalion. La madre era Pronoia o Hesione, en cualquier caso una hija de Okeanos. Deukalion se casó con Pirra, la hija

113

de Epimeteo y Pandora. Cuando Zeus envió un diluvio para destruir a la humanidad, Prometeo reveló el plan a Deukalion y Pyrrha para que pudieran salvarse en un ataúd. Prometeo asumió aquí el papel de Enki en la epopeya del diluvio de la mitología sumeria. Deukalion y Pyrrha desembarcaron en el Parnaso después de nueve días y dieron lugar a una nueva raza de humanos.

Deidades del cielo

Phaëthon

Faetón (griego antiguo: Φαέϑων), también llamado Phaëthon, es un personaje de la mitología griega. El héroe Phaëton es hijo del dios del sol Helios y de Klymene (en algunas tradiciones, era hijo de Apolo y Klymene). Menops (o Merops) era su padrastro.

Mito

Helios (el Sol) solía montar el carro solar cada día. Epafo (Apis) era hijo de Io y Júpiter (Zeus). Amante de Júpiter, Io había huido de Argólida a Egipto para evitar la venganza de Juno. En Egipto, Io era adorada como Isis. Epafo insultó a Faetón, que tenía la misma edad que él. Según Epafo, era mentira que Faetón fuera hijo del Sol. El mayor deseo de Faetón, como prueba de que era realmente el hijo del Sol, era montar también en este carro, y un día aprovechó la oportunidad. Su padre le había dicho que podía pedir lo que quisiera. Puso a Faetón el halo en su cabeza. Sin embargo, los cuatro caballos solares alados que respiran fuego, Pyroïs, Eoüs, Aethon y Phlegon, se dieron cuenta de que alguien llevaba las riendas y salieron corriendo. El carro solar pasó rozando la tierra y el calor creó grandes lugares áridos: los desiertos, Ovidio escribe que Libia se convirtió entonces en desierto. Las montañas se incendiaron y "quedaron desnudas", los ríos se evaporaron y "las grandes ciudades perecieron con muralla y todo; el fuego redujo a cenizas a los países con sus pueblos". Ovidio menciona 25 montañas, como el Etna, los Alpes, el

Cáucaso y los Apeninos, y 24 ríos por su nombre, como el Éufrates, el Ganges, el Danubio, el Nilo, el Rin y el Ródano.

Antes de que toda la tierra ardiera, el dios supremo Zeus decidió intervenir. Lanzó un rayo a Faetón tras una súplica de la Madre Tierra, haciendo que éste cayera del carro, se precipitara "como una estrella" (cometa) hacia el Eridano y muriera. Los restos del carro solar con los fragmentos rotos, el toom, el eje del carro, el árbol del timón, las ruedas, etc., cayeron a la tierra, los caballos volvieron al sol.

Lampetia, Phaëtusa y una hermana sin nombre, eran las tres hijas de Helios y Neaera (las "Helíadas"), y por tanto hermanastras de Phaëton. Después de que Faetón pereciera, lloraron su muerte. Sus lágrimas se congelaron en ámbar y las hermanas se convirtieron en álamos. Cycnus, amigo de Faetón, gobernador de las fuertes fortalezas de los ligures, se convirtió en un cisne de la pena. El sol se vistió de luto durante mucho tiempo, privando a la tierra de la luz solar.

Urano

Ouranos (griego antiguo: Οὐρανός) o **Urano** (latinizado) es una figura de la mitología griega. Es la personificación del cielo. Según Hesiodos, esta cúpula celeste cuelga tan alto sobre la tierra (Gea) como el Tartaros (la parte más profunda del inframundo) se encuentra debajo de ella. Un yunque de bronce tardaría diez días en caer desde Ouranos hasta la superficie de la tierra. Ouranos rara vez fue representado como una persona.

El nombre de *Ouranos* se asocia a veces con la deidad hindú Varuna. Se dice que ambos nombres proceden de una raíz indoeuropea que significa "cubrir". Sin embargo, esta teoría no está muy extendida. El homólogo romano de Ouranos es Caelus.

Origen y descendencia

Ouranos es el hijo y esposo de Gaia, la Tierra. Forman la pareja de dioses más antigua y son responsables de la creación de muchas figuras mitológicas, como los cíclopes, los titanes, los hecatónquiros y los oceánidos. Temiendo por su descendencia, Ouranos desterró a los cíclopes, los titanes y los hecatónquiros al Tártaro. Finalmente, con la ayuda de su propia esposa Gea, él mismo es castrado con una hoz por su hijo, el Titán Kronos . Sus genitales caen al mar y de la semilla nace Afrodita. De la sangre que salpica la tierra, nacen las Erinyes (Furias), los gigantes y las Meliae (ninfas del fresno). Desde la castración de Ouranos, Kronos gobierna el mundo con su hermana y esposa Rheia, hasta que Kronos, a su vez, tiene que dar paso a su hijo Zeus.

Aeolus
Divino guardián de los vientos y rey de la mítica isla flotante de Aiolia (Eolia)

Eolo (griego antiguo: Αἴολος, *Aiolos;* holandés, obsoleto: *Eool*) es una figura de la mitología griega y romana. Era un hijo de Poseidón que fue designado por Zeus como guardián de los vientos: Boreas el viento del norte, Notos el viento del sur, Euros el viento del este y Zephyrus el viento del oeste. Eolo guardaba estos vientos encerrados en una cueva y podía enviarlos cuando quisiera para traer viento.

Eolo conoció a Odiseo en las Islas Líparianas. A éste le dio una bolsa, que contenía vientos en contra, para que Odiseo no sufriera nunca de vientos en contra. Sin embargo, los compañeros de viaje de Odiseo sintieron tanta curiosidad que miraron dentro de la bolsa. Los vientos en contra se escaparon, impidiendo que Odiseo llegara aún a su destino.

Eolo fue también la deidad que impidió que los griegos zarparan hacia Troya (esto ante la insistencia de Artemisa) antes de que el rey Agamenón sacrificara a su hija Ifigenia a la diosa.

El dios es también el antepasado mítico de los eolios.

Un *proceso eólico* es un término de la ciencia del suelo e indica que ciertas capas se formaron y depositaron por el viento. Un ejemplo es el loess.

Deidades ctónicas

Erinyes (Furias)

Diosas de la retribución

Los **Erinyes** (griego antiguo: Ἐρινύες) son personajes de la mitología griega. Son diosas de la venganza, y persiguen y atormentan a quienes han hecho algo malo. Los Erinyes vivían en el inframundo y venían a la tierra cuando había que castigar a un criminal con su venganza. En latín, se les llamaba **Furiae** -o Dirae- (los terribles), y en holandés **Furiën**.Los Erinyes también tenían la tarea de vigilar a los Tártaros. La palabra "furieus" (enojado, furioso) deriva del nombre holandés de las Erinyes, las Furias.

Origen

Los Erinyes surgieron de la sangre de Urano, cuando fue emasculado por su hijo Kronos y la sangre cayó sobre el cuerpo de Gea, la madre tierra. Otras variantes cuentan que las Erinyes eran hijas de Nyx, la Noche. Las Erinyes eran tres mujeres: **Alecto**, la interminable (la que no perdona), **Megara**, (la que desaprueba) y **Tisífone**, (la que castiga). Por lo tanto, representaban diferentes aspectos del castigo. Las Erinyes eran más antiguas que los dioses olímpicos, y por tanto no estaban subordinadas al dios supremo Zeus.

Apariencia

Los Erinyes tenían un aspecto aterrador. Sus cabellos estaban hechos de serpientes, la sangre goteaba de sus ojos. A veces se pensaba que tenían alas como las de un murciélago y el cuerpo de un perro. Llevaban antorchas encendidas y látigos con púas metálicas en las manos. Tisiphone se enamoró una vez de Cithaeron. Sin embargo, encontró la muerte porque una de las serpientes de su cabeza le mordió fatalmente.

Venganza

Lo peor que podía hacer un griego en la antigüedad era matar a un miembro de su familia. Ofender a un amigo o a un desconocido también es una infracción grave. Según la mitología, ese criminal era perseguido por las diosas de la venganza. Las diosas de la venganza utilizaron serpientes, antorchas y látigos en el proceso. Los Erinyes aparecían en los sueños de los perseguidos y no había dónde esconderse de ellos. Cada vez, se le recordaba al culpable su culpabilidad. Incluso después de la muerte del culpable, no tuvo descanso. Según la mitología romana, las Furiae acabaron llevando al culpable a la locura.

Cuando los Erinyes tenían tiempo libre o simplemente les apetecía, iban a torturar a los criminales de los bajos fondos.

Sólo cuando una persona estaba limpia de su culpa, los Erinyes detenían su venganza. Las Erinyes se convirtieron entonces en **Euménides** (*"Benévolas"*). Un criminal podía liberarse de las Erinyes si se arrepentía mucho y se limpiaba de su culpa haciendo buenas acciones.

Orestes

Una famosa víctima de las Erinyes fue Orestes, ya que mató a su madre Klytaimnestra. Sin embargo, esto fue el resultado de que su madre había matado previamente a su padre Agamenón en el baño. Klytaimnestra, a su vez, estaba enfadada con Agamenón porque quería sacrificar a su hija Ifigenia, a instancias de Artemisa.

Aunque Orestes había sido incitado por el dios Apolo antes de cometer el asesinato, fue perseguido por las Erinyes. La diosa Atenea llevó este caso injusto ante un tribunal divino especial, el Areópago. Los acusadores de Orestes fueron los Erinyes, que actuaron en nombre de la madre de Orestes. Defendiendo a Orestes estaba Apolo. En la votación, el voto de Atenea en el jurado fue decisivo. Orestes fue absuelto; los Erinyes se reconciliaron con este veredicto y simpatizaron con Orestes.

Esta historia muestra la visión de los antiguos griegos sobre el destino del hombre. El hombre no puede escapar a los caprichos de los dioses: nunca puede hacer el bien a sus ojos. La misma convicción es evidente en la historia de Edipo. Procedía de una familia real, pero estaba maldita: engañado por los dioses, mató a su padre y luego se casó con su madre.

Hécate

Hekate (griego antiguo Ἑκάτη) es una diosa ctónica de la mitología y la religión griegas, y estaba asociada a la magia, los espíritus, la luna, la noche y las encrucijadas. Los griegos no la representaban a menudo, pero la describían como una diosa con tres cabezas: una de perro, otra de caballo y otra de serpiente o león. El origen del culto a Hécates está probablemente en Caria, Anatolia. Las mujeres la invocaban especialmente durante el nacimiento de su hijo. También se dice que la acompañan dos perros fantasmas y que su llegada se anuncia con los ladridos de un perro. Su sacerdotisa más famosa fue la hechicera Medea. La fiesta de Hekate se celebraba en Grecia el 13 de agosto y el 30 de noviembre, y en el Imperio Romano el 29 de cada mes.

Etimología

Hécate, según el *Diccionario Etimológico del Griego,* es presumiblemente de origen no griego, posiblemente por asociación con los epítetos griegos de Apolo (y Artemisa). Se trata de *hékatos* ('disparar lejos'), *hekatebólos* ('disparar desde lejos') o *hekebólos* ('golpear a voluntad'). Otra etimología es *hékas*, 'lejos'. La explicación de los derivados de *hékas, hékatos* y similares son los atributos sobrecogedores y misteriosos de Hécate.

Además, se ha propuesto la etimología de *hékaton*, 'cien', en parte porque
Hécate exigía sacrificios de cien reses, los llamados hecatombe, o en
parte porque Hécate gobernaba sobre los espíritus de las personas que
no habían sido enterradas, obligándolas a vagar durante cien años.

Origen

Originalmente, Hécate no es probablemente una diosa griega. Según una
hipótesis, su culto procedía de Tracia, como el de Orfeo, por ejemplo,
porque su culto estaba claramente establecido en Samotracia, porque hay
similitudes entre Hécate y la diosa tracia Bendis (equiparada a Artemisa),
y porque hay interfaces con los cultos frigios. Otra hipótesis es la de
Caria, en el suroeste de Anatolia, donde el culto era especialmente fuerte.
Por ejemplo, la ciudad caria de Idrias se llamó primero Hecateia, y la
ciudad de Lagina fue su principal centro de culto en Anatolia. La Hécate
local, Hécate Laginitis, estaba fuertemente asociada a Zeus Panamerios,
lo que presumiblemente le otorgaba el papel de esposa del dios principal
y diosa madre. También se celebraba la fiesta anual "de la llave" (*kleidos
pompé*), que hacía referencia a los misterios del inframundo.

Que sus orígenes no sean griegos sugiere el hecho de que no aparezca
en la *Ilíada, la Odisea* y otras epopeyas tempranas, mientras que eso
sería obvio, entre otras cosas, con el descenso de Odiseo al inframundo
en la *Odisea*, ya que Hécate pasó a ser conocida como una diosa ctónica.
En el proceso, existían relatos contradictorios sobre la genealogía de
Hécate, Hesíodo afirmaba que no tenía ningún hermano, las familias y los
clanes no reclamaban su descendencia, sus templos y estatuas no
estaban vinculados a las leyendas antiguas y, por último, su papel como
gobernante terrorífico de la hechicería no parece ser verdaderamente
griego. Además, su culto no parece haber penetrado bien en zonas más
remotas como Arcadia, donde no estaba asociada a Artemisa, Deméter
Erinys y Despoina, dioses que sí estaban asociados a su culto en otros
lugares. Por último, se le sacrificaban perros, algo inusual en la religión
griega.

Culto

A lo largo de la antigüedad, la imagen de Hécate cambió, pero en general
siguió siendo una diosa de la protección y la destrucción, de la fertilidad y
la muerte.

Desarrollo

126

El desarrollo del culto a Hécate se divide en tres etapas. En la primera etapa, Hécate aún mostraba parentesco con las diosas madre anatolianas, como la Hepa (o Hepat) hurrita. Entonces parecía estar más conectada con el sol que con la luna y los aspectos ocultos. Una de las primeras fuentes de esta antigua etapa es la *Teogonía* de Hesíodo, donde en una oda se la llama "la más estimada entre los dioses inmortales". En la segunda etapa, se desarrolla la imagen griega de una Hécate aterradora, donde se convierte principalmente en la diosa de los fantasmas, la magia y la luna. Esta imagen es evidente en los papiros mágicos griegos. La tercera etapa es el paganismo tardío. Todavía se la consideraba una diosa aterradora, pero su atributo lunar pasó a ser insignificante. En su lugar, la atención se centró en su papel de diosa de la fuerza vital cósmica y de las virtudes que alimentan el alma. Esta imagen surgió bajo la influencia de los *oráculos caldeos*, que volvieron a enfatizar el papel de diosa madre, posiblemente porque ese aspecto había continuado vivo en oriente pero no en Grecia y el mundo mediterráneo occidental.

Veneración

Existían templos y festividades para Hécate. Por ejemplo, los habitantes de la Stratonicea caria tenían un festival anual, la Hecatesia. Al menos en Atenas, los habitantes acomodados depositaban platos de comida a la diosa en las encrucijadas en cuanto había luna nueva. En la Acrópolis ateniense, cerca del templo de Nikè, se levantaba un templo, la Epipyrgídia. Como Hécate gobernaba las zonas fronterizas, como los umbrales, las puertas y las intersecciones, se colocaban estatuas suyas por toda la ciudad, fuera de las casas o en las intersecciones. Esas estatuas se utilizaban localmente como oráculos. Como sacrificios a Hécate, la gente utilizaba principalmente perros, corderos negros y miel. Los perros también formaban parte de los ritos de limpieza. La gente suele rezarle antes de viajar. Los lugares de culto más importantes eran Beocia, la isla de Egina desde al menos el siglo V a.C., pero también Samotracia, donde el culto se fusionó con los misterios locales. Que Hécate estaba asociada a Artemisa lo demuestra el hecho de que el templo artemista de Éfeso también contenía una estatua de Hécate.

Hoy en día, Hécate sigue siendo venerada por algunos grupos paganos, entre ellos algunos tribunales de la Wicca. Se la considera la Crona, la antigua manifestación sabia de la triple diosa. Como se la considera la diosa de la brujería y de la luna, es una diosa muy importante dentro de la wicca. Se la identifica con la Cailagh, a la que se rinde culto como diosa dentro del neodruidismo.

Mitología

Como diosa, Hécate tenía un papel menor en la mitología griega. Apolodoro le otorga un papel en la Gigantomaquia, pero no se la menciona en las versiones anteriores de esa historia. Además, sólo hay algunas historias menores para explicar, por ejemplo, uno de sus nombres, como *Angelos*. Esto sugiere que en un principio no tenía el papel y la reputación como en la época helenística posterior. Posiblemente se hizo más famosa por su asociación con Artemisa y Deméter.

La genealogía de la diosa ctónica no estaba clara en la antigüedad. Hesíodo, la fuente más antigua en la que se menciona a Hécate, la llamó hija del titán Perses y de Asteria, y mencionó que no tenía hermanos ni hermanas. Sin embargo, Bacchylides afirmó que descendía de Nyx ("Noche"), mientras que Musaeus dio a Zeus y Asteria como sus padres. En otros relatos, es hija de Ademeto y de una mujer de Ferae, y pariente cercana de Eetes y Circe de Cólquida.

Iconografía

Hécate fue descrita con varios atributos. En la tierra, podría aparecer con dos perros estigios aullando anunciando su llegada. Llevaba antorchas a su alrededor, y en el pelo llevaba ramas de roble y serpientes. Su cuerpo se representa a veces con tres cabezas, o con tres partes del cuerpo: parte caballo, parte perro y parte león o jabalí.

Minos

En la mitología griega, **Minos** (griego antiguo: Μίνως) era el rey de Creta. La civilización minoica recibió su nombre. Se desconoce si este rey existió realmente, o si sus historias se basaron en varios reyes, por ejemplo. Por lo tanto, también es posible que la palabra Minos sea "antiguo cretense" para decir rey.

Según los mitos, Minos era hijo de Zeus y Europa. Se dice que se casó con Pasífae y que fue padre de Ariadna, Androgeo, Deukalión, Fedra, Glaukos y Katreus, entre otros. Se convirtió en rey de Creta al morir el rey Asterión. Minos exilió a sus hermanos Rhadamanthys y Sarpedon, que también reclamaban el trono. Minos vivía en el palacio de Cnosos e hizo construir un laberinto en el que quedó atrapado el Minotauro.

Tras su muerte, Minos fue designado como uno de los Tres Jueces del Inframundo en el Hades, juzgando a las almas que llegaban y asignándoles su lugar apropiado en el inframundo. En este papel, también aparece en la Divina Comedia de Dante.

Perséfone

Los romanos llamaban a Perséfone Proserpina.

Perséfone (griego antiguo: Περσεφόνεια, *Persephoneia* (especialmente con Homero) o Περσεφόνη, *Persephonè*; latín: *Proserpina)* (pronunciación: "pèrseefoonee") es, en la mitología griega, la diosa del reino de los muertos y de la primavera. Era hija de Deméter, la diosa de la agricultura y el grano, y del dios supremo Zeus. Las variantes romanas de Deméter y Zeus son Ceres y Júpiter.

Deméter y Perséfone

Deméter amaba mucho a su hija y la cuidaba como una gallina madre. Sin embargo, Perséfone fue secuestrada justo cuando recogía flores en el campo. Hades, el dios del inframundo y gobernante de los muertos, salió de una sima en el regazo de la tierra con un caballo y un carro y la subió a su carro. Perséfone gritó pidiendo ayuda, pero fue en vano: desapareció con él en la oscuridad.

Deméter se sumió en un profundo dolor. Después de buscar durante mucho tiempo en la tierra, se dirigió también a las constelaciones, donde preguntó a Helios si no había visto a su hija. Esta última respondió que

Helios lo había visto todo, y luego dio la respuesta ella misma: Perséfone está en el inframundo, con Hades. Deméter se vio totalmente impotente y, en su dolor por la pérdida, trajo a la tierra un invierno estéril y mucha gente sufrió el hambre.

Cuando las cosas se pusieron demasiado mal, Zeus ordenó a su hermano Hades que devolviera a Perséfone a su madre. Hades aceptó, pero Perséfone tuvo que cenar una vez más y allí comió seis granos de granada. Una vez que se come algo en el reino de los muertos, no se puede volver atrás. Por cada semilla que había comido, Perséfone tenía que volver a él durante un mes. Y así ocurría que cada año estaba con su madre durante la primavera y parte del verano, la época de crecimiento y floración, y luego volvía al inframundo, al Hades. Así, con Perséfone, la primavera llegaba a la tierra cada año, y la gente hablaba del Anodos de Perséfone. El mito de Deméter, Hades y Perséfone puede considerarse, pues, la explicación griega del origen y la continuación de las estaciones.

Veneración

En los misterios de Eleusis, Perséfone era venerada bajo el sobrenombre de Κόρη (Korè (bet. 'chica')) junto con Deméter. Ambas diosas formaban una especie de unidad en la que Deméter era la tierra cultivada, y Korè, el grano que cae en la tierra, muere y da nueva vida.

Los romanos la veneraban como Proserpina. También se la equipara allí con la diosa Libera.

Gigantes y otros "gigantes"

Cíclopes

Una tribu de gigantes tuertos y devoradores de hombres

El **cíclope,** o menos comúnmente **kykloop**, (griego antiguo: κύκλωψ - "ojo redondo", de: κύκλος - "círculo" y ὤψ - "ojo") es una figura de la mitología griega. Los cíclopes son feroces gigantes con un solo ojo. Vivían juntos en las laderas del volcán Etna, en Sicilia, lejos del mundo civilizado. Se dice que los cíclopes vivían de la agricultura, la ganadería y tenían muchas ovejas. Según Homero, también se comían a los niños.

Los primeros cíclopes, llamados Steropes, Brontes y Arges, son, según la mitología, hijos de Gea y Ouranos. Son los ayudantes del dios de la forja Hephaistos. A ellos Zeus debe su rayo, Poseidón su tridente y Hades su casco de invisibilidad (gorro de hades).

En Grecia, en el Peloponeso, entre otros, alrededor de Micenas -la ciudad del rey Agamenón y de Euristeo, para quien Heracles tuvo que realizar trabajos- había enormes murallas. Servían como murallas de la ciudad y estaban formadas por grandes bloques de piedra arcillosa. Estas murallas eran tan grandes e imponentes que los griegos creían que no habían sido construidas por humanos sino por los cíclopes. Por eso las llamamos "paredes ciclópeas" (véase "... Cyclopea saxa", Aen. I, v.201, Verg.).

El cíclope Polifemo

En *la Odisea de* Homero, el héroe Odiseo, en una de sus andanzas, acaba en la isla de los cíclopes. Es capturado con 12 de sus hombres en la cueva del cíclope Polifemo, hijo de Poseidón. A Polifemo le gusta algo más que una pierna de cordero. Cada noche y cada mañana, Polifemo se come a dos de los hombres de Odiseo, por lo que éste idea una treta.

Odiseo emborracha al gigante y, cuando el cíclope le pregunta cómo se llama Odiseo, responde "Nadie". Cuando Polifemo se queda dormido aturdido por el vino y la comida, los hombres apuñalan el ojo de Polifemo con una estaca de punta ardiente.

Furioso por el dolor, el cíclope se despierta. Pide ayuda a los otros cíclopes. Se acercan al ruido y le preguntan qué está pasando. Polifemo responde: "Nadie me sacó el ojo y nadie escapó. Estoy enfadado con nadie". Los cíclopes creen que Polifemo se ha vuelto loco y vuelven a dormir. A la mañana siguiente, Polifemo no encuentra a los hombres al tacto entre las ovejas. Se encuentra a la entrada de la cueva sabiendo que sus ovejas van a pastar. Para escapar de todos modos, Odiseo ata a sus hombres entre las ovejas. Él, como único que queda, no puede atarse a sí mismo, sino que se agarra al pelo del carnero más grande. Cuando las ovejas salen de la cueva por la mañana, Polifemo habla con su carnero favorito, sin saber que Odiseo está agarrado bajo su vientre. Así, Odiseo y sus hombres consiguen escapar y también robar la oveja gorda del gigante.

Cuando, más tarde, Polifemo se da cuenta de que los hombres ya no están en la cueva, se enfurece.

Mientras los hombres se alejan remando, Odiseo llama al gigante. El enfurecido Polifemo lanza una piedra al barco. Incluso entonces, Odiseo no se calla y dice su verdadero nombre. Una segunda roca, que aterriza detrás del barco, le da gran velocidad, alejándose de la isla. El herido Polifemo reza a su padre Poseidón para que lo vengue. Poseidón se enemistaría con Odiseo siempre que pudiera durante el resto de su largo viaje.

Origen del mito

Una teoría es que los griegos encontraron cráneos de elefante y los confundieron con cráneos de gigantes con un gran ojo en la frente. Esta teoría fue mencionada por primera vez por Othenio Abel en 1914. Por ello, no es casualidad que la leyenda de los cíclopes se asocie a Sicilia. Aquí es donde vivió el elefante enano de Sicilia durante la última edad de hielo, el Pleistoceno. Los cráneos de los elefantes no tienen cuencas oculares claramente reconocibles. Sin embargo, tienen una gran cavidad nasal en el lugar del tronco.

Adrienne Mayor lo corrobora así en su libro *The First Fossil Hunters: Paleontology in Greek and Roman Times*: Los griegos encontraron esos huesos antiguos y los conservaron en sus templos. Intentaron reconstruir el aspecto de las criaturas prehistóricas y buscaron explicaciones a su extinción. Para esto último, se basaron principalmente en su imaginación, y eso llevó a los relatos míticos de bestias fabulosas como el cíclope.

Tifón

Un monstruoso gigante serpiente y una de las criaturas más mortíferas de la mitología griega

Escritores posteriores identificaron a Tifón con el dios egipcio Seth.

Tifón o **Tifeo** (griego antiguo Τυφάων / Typháôn o Τυφωεύς / Typhôeús, de τῦφος / tỹphos, " el que arde") era un gigante, que fue enterrado en Cilicia, en la tierra de los Arimoi, bajo la tierra, que Zeus había arrojado sobre él. Era el hijo menor de Gea, engendrado por Tartaros para ella después de que los Titanes fueran derrocados por Zeus. Tiene cien cabezas de dragón que escupen fuego, con ojos centelleantes y voces aterradoras. Es asombrosamente alto, de modo que llega de este a oeste con la cabeza hacia las estrellas y con las manos extendidas. Su objetivo es conseguir el dominio sobre los dioses y los hombres, pero Zeus lo vence tras una terrible batalla.

Por Echidna, según el mito, fue el padre de muchos monstruos horribles, como el Chimaira, el perro Orthros, los dragones, que guardaban las Manzanas de Oro de las Hespérides y el Vellocino de Oro en la Cólquide.

de la Esfinge, de Cerbero, que guardaba la entrada al inframundo, de las Gorgonas, de Escila, la serpiente de Lerna, el león de Nemea y el águila Etón, que roía el hígado de Prometeo. También se dice que todos los vientos perniciosos de las tormentas surgieron de él. Su morada estaba situada en varias regiones, que destacaban por su naturaleza volcánica.

Cuando Tifón y Equidna intentaron atacar el Olimpo, Zeus lo encerró bajo el monte Etna como castigo. Su esposa e hijos conservaron su libertad para servir de desafío a héroes como Heracles.

Según sagas posteriores, los dioses no pudieron resistir su ataque. Huyeron a Egipto y en parte se escondieron allí, en parte se convirtieron en animales. Sólo Zeus se atrevió a batirse en duelo con *Tifeo* e intentó luchar contra él con su rayo y con un arpón, pero también Zeus fue vencido.

Existe una estrecha relación entre este mito y el mito hitita del dios de la tormenta Teshub que lucha contra el dragón Illuyankas. Las representaciones en el arte griego también muestran un parentesco con la representación hitita de esta batalla, hallada en Malatya (Turquía).

Identificación con las deidades egipcias

Tifón se identificaba con Tabh o Seth en la interpretación griega de los dioses egipcios.

Deidades rústicas

Aristaeus

Dios menor, protector y creador de varias artes | Desafió a los mortales

Aristaios (griego antiguo: Ἀρισταῖος) o **Aristaeus** (latín) es un personaje de la mitología griega. Aristaios es un sátiro e hijo de Apolo y la ninfa Kyrene.

Su actuación más famosa es quizá la del mito de Orfeo, en la que acecha y persigue a la bellísima ninfa acuática Eurídice, con el resultado de que en su huida pisa una serpiente que le inflige una mordedura mortal. Ante esto, las otras ninfas se vengan. Castigan a Aristaios, que era apicultor, matando a todas sus abejas. Aristaios no pudo explicar por qué sus abejas murieron de repente, y su madre le sugirió que consultara a Proteo. Aquí Aristaios se entera de que es un castigo por su intento de agresión a la ninfa Eurídice. Como penitencia, tendrá que sacrificar cuatro vacas, cuatro toros, un ternero y flores a las crines de Eurídice. Nueve días después del sacrificio, nuevos enjambres de abejas crecieron de los cadáveres de esas reses.

Pan

El dios de lo salvaje, cazador y compañero de las ninfas

Los dioses romanos Faunus y Silvanus comparten muchos atributos de Pan y pueden haber evolucionado a partir de él. Algunas representaciones cristianas del diablo tienen un sorprendente parecido con Pan.

Pan (griego antiguo: Πᾶν) o **Faunus** (latín) es una figura de la mitología griega. Es hijo de Hermes y de la ninfa Penélope. Pan es el dios de las tierras salvajes y el patrón de los pastores y de su ganado, así como de los instintos animales. Pan tiene la parte inferior del cuerpo y los cuernos de una cabra, pero la parte superior del cuerpo es humana. También tiene una cara larga y estrecha, una nariz grande y ojos amarillos.

La flauta de pan lleva su nombre. Lo consiguió cuando persiguió a la ninfa Syrinx. Deseaba seguir siendo virgen y rezaba a los dioses mientras ya sentía el aliento de Pan en su cuello. Su oración fue atendida y se convirtió en una caña justo a tiempo. Pan lo convirtió en su flauta.

El pan provocaba muchos sonidos misteriosos en los bosques, a los que los pastores y sus rebaños temían, al igual que las personas en lugares remotos. Esta es la explicación de la palabra pánico. Un susto de pánico es un susto repentino, generalizado pero infundado. Por esta razón, era mejor mantenerlo amistoso. El prefijo *pan-* (todo) también deriva de Pan, ya que se le consideraba la personificación de la naturaleza. Desde la Edad Media, se adoptó su aspecto para representar al diablo.

En la imagen, Pan se asocia con Eros y Afrodita por su sensualidad. Sin embargo, por lo que sabemos, Pan nunca tuvo nada que ver con Afrodita o Eros. Era hijo de Hermes y se llevaba bien con Dionysos. Apolo era su rival musical. La historia del Rey Midas, sobre la competencia entre Pan y Apolo, es especialmente conocida.

Comenzó con el sátiro o sátiro Marsyas, que encontró una flauta que Palas Atenea había fabricado y luego desechado, porque encontró que sus mejillas se hinchaban demasiado cuando soplaba con ella. Marsyas practicaba con la flauta y en un momento dado desafió a Apolo. Apolo aceptó el reto y venció a Marsyas. Como castigo, Apolo lo desollaría vivo. Pan no podía soportar que uno de sus súbditos encontrara su fin de esa manera y desafió a Apolo en segundo lugar. Casi todo el mundo pensó que Apolo volvía a jugar mejor. Pan correría la misma suerte que Marsyas si no fuera porque a Dionysos y al rey Midas les gustaba más su música que la de Apolo. Apolo se enfadó tanto que le regaló al rey Midas unas orejas de burro por su insensato mal gusto. No se sabe cuál era la relación entre Pan y los demás dioses del Olimpo.

En tiempos del emperador Tiberio, un barquero llamado Thamus, que navegaba cerca de la isla de Paxi, oyó una voz de la nada que le decía que el gran dios Pan había muerto. Thamus tuvo que decírselo a los habitantes de Palodes, hoy Butrint, en Albania. Cuando llegó cerca de Palodes, gritó a la orilla: "¡El gran dios Pan ha muerto!" Sonaron lamentos de muchas gargantas desde la orilla y los marineros horrorizados contaron la historia por todo el mundo antiguo. Plutarco lo escribió un siglo después en su libro *De Defectu Oraculorum*, sobre el silencio de los oráculos. Pan es el único dios del que se menciona que ha muerto. El antiguo dios de la naturaleza Faunus de la mitología romana se equiparó posteriormente con Pan.

Deidades agrícolas

Adonis

El dios de la renovación permanente, la fertilidad, la belleza y el deseo

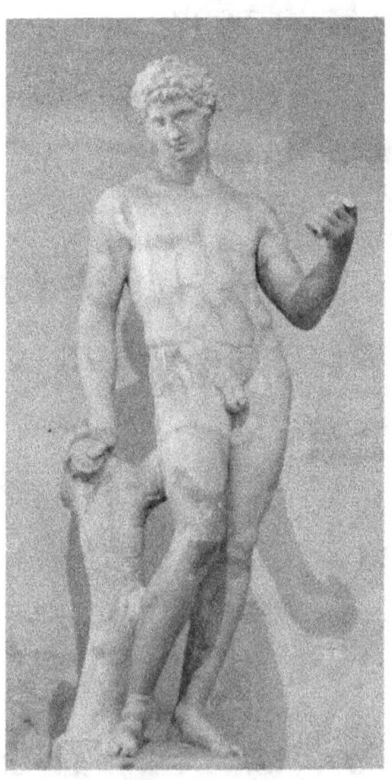

Adonis (griego antiguo: Ἄδωνις) es una figura de la mitología griega y fenicia. El nombre de esta deidad procede simplemente del fenicio *Adon*, que significa "señor". Al igual que el fenicio Adon, Adonis se refería al amante de la diosa, un dios que moría y resucitaba anualmente. Adonis era el amante de Afrodita o Venus.

Babilonia

Entre los babilonios, Tammuz era el hijo-amante de Ishtar. Fue sacrificado anualmente bajo la apariencia de un cordero inocente.

Adonis proviene del fenicio *Adon,* que, como Baal, significa "señor". Este era de hecho el título de dirección del dios babilónico Tammuz. Fue adorado especialmente en Biblos por los cananeos. Su culto también fue trasladado a Chipre por los colonos fenicios, donde su muerte y renacimiento anual se incorporó al culto en torno a Afrodita.

Llorar su muerte era el objeto del culto, practicado desde hace tiempo en muchos lugares de Oriente Medio. Esto también se menciona en la Biblia, para horror del profeta Ezequiel (8.14-15). La muerte de *"El Tammuz"* era llorada por algunos israelitas -especialmente por las mujeres- desde el templo de Jerusalén cada año hasta el 720 a.C.

143

Un centro importante del culto a Adonis era Belén. San Jerónimo
mencionó que en este lugar se adoraba a Tammuz (Adonis), el amante de
Venus (Afrodita o Astarté) en un bosquecillo sagrado cerca de una cueva,
donde se lloraba su muerte anualmente.

Según la leyenda, fue criado como un pastorcillo, pero en realidad era hijo
de la diosa. Era tan bello de bebé que la diosa del inframundo no quiso
devolverlo, cuando lo colocó en una caja de madera con ella para su
custodia.Eso no funcionó, pero cuando Tammuz se convirtió en un joven,
fue empalado en un árbol por un jabalí mientras cazaba.

Llorando, su amante, Inanna una joven encarnación de la diosa, se inclinó
sobre el cuerpo. Ella no se sometió y descendió al inframundo para
recuperar el alma del niño. Allí tuvo que luchar con Eresjkigal, su
hermana, pero en realidad con el lado oscuro de sí misma. Se salió con la
suya, en parte, porque cada año Tammuz también tenía que volver.

Phoenicia

En Fenicia (Siria) y Palestina, Adonis/Tammuz era adorado como el dios
del grano, que muere bajo la piedra de moler para convertirse en pan. Así,
en Belén (literalmente 'casa del pan'), Adonis/Tammuz era adorado como
el dios del pan. Por su belleza juvenil, Adonis era un símbolo de la
primavera y de la naturaleza floreciente.

Mitología griega

Según la mitología griega, Adonis nació en el actual Líbano del amor
incestuoso de la princesa Mirra y su padre, Cinyras. Cuando Cinyras
descubrió que se había acostado con su hija, quiso matarla, pero los
dioses la convirtieron en un árbol de mirra. Después de nueve meses, el
árbol dio a luz a un hermoso niño, Adonis. Las diosas Perséfone y
Afrodita (estaba enamorada de él) lo criaron.

Adonis era un cazador intrépido, que a menudo actuaba de forma
temeraria cuando cazaba piezas peligrosas. Esto causó mucho malestar a
Afrodita, que temía que le ocurriera algo.

En vano, le rogó que dejara la caza en lo sucesivo y se quedara con ella,
donde no podría pasarle nada. Pero Adonis consiguió escapar de sus
risas y siguió buscando la compañía de los otros hombres que iban de
caza para poder seguir dedicándose a su pasatiempo favorito.

Un día, Adonis perseguía a un jabalí, una persecución que le producía gran placer. Sin embargo, cuando finalmente atacó al animal, éste se giró de repente con furia y atravesó el muslo desprotegido de Adonis con su temible colmillo. Aún así, trató de alejarse, pero su pierna se negó a cooperar y así el jabalí tuvo la oportunidad de matarlo a patadas.

Inmediatamente, Afrodita acudió al lugar donde su querido había encontrado su fin de forma tan trágica. Se precipitó a través de la maleza y los arbustos espinosos, desgarrándose la piel con las ramas afiladas y las espinas. Su sangre coloreó las rosas blancas que pasó con un tono rojo apagado. Cuando llegó al lugar, Adonis ya estaba muerto y agarrotado y sus apasionadas caricias ya no eran correspondidas por él. Afrodita estalló entonces en un torrente de lágrimas tan imparable que las ninfas del bosque y del agua, los dioses y los hombres e incluso la naturaleza se unieron a ella y lloraron con ella por el joven amado.

Finalmente, a regañadientes, Hades llegó a la triste multitud para llevarse el alma del difunto al inframundo, donde sería recibido por Perséfone, la diosa del inframundo. Ella lo llevaría al lugar donde los buenos y virtuosos mortales habitan en la dicha por la eternidad, llamado el Elíseo. Afrodita seguía inconsolable y lloraba muchas, muchas lágrimas. En cuanto las lágrimas tocaron el suelo, se convirtieron en anémonas y las gotas de sangre que habían brotado del muslo de Adonis y caído al suelo se convirtieron en hermosas rosas rojas.

Sin embargo, Afrodita seguía estando tan intensamente triste, que en un momento dado no pudo soportarlo más. Se dirigió al Olimpo, donde cayó a los pies de Zeus y le rogó que liberara a Adonis del abrazo de la muerte, o que le permitiera compartir su destino en el inframundo.

Era imposible permitir que la diosa de la belleza abandonara la tierra y se fuera al inframundo, pero Zeus tampoco podía soportar oírla suplicar así. Por lo tanto, decidió que Adonis sería llamado desde el inframundo para que Afrodita pudiera tenerlo de nuevo con ella. Pero Hades tenía el control sobre Adonis, porque el inframundo era su reino y se negaba a dejarlo ir. Tras una larga discusión entre Zeus y Hades, se llegó a un acuerdo. A Adonis se le permitió pasar la mitad del año en la tierra y tuvo que volver a Elysium para la otra mitad.

Al comienzo de la primavera, Adonis abandonó el inframundo y tan rápido como pudo se dirigió a su amada Afrodita. En todos los lugares donde puso sus pasos, brotaron flores y los pájaros empezaron a piar para demostrar lo felices que estaban con su llegada. Así, Adonis se convirtió en el símbolo de la vegetación, surgiendo del suelo cada primavera y cubriendo la tierra con hermosas hojas y flores y haciendo piar a los pájaros. En otoño, Adonis regresó a regañadientes al inframundo, pues entonces el cruel jabalí del invierno volvió a atravesarle con su colmillo y a marchitar la naturaleza. Y cada año, en otoño, la naturaleza lloraba su partida.

Simbolismo

La historia de Adonis pertenece a la tradición de las ofrendas de paz, similar a la historia de la Pascua.

En la actualidad, adonis se refiere a un niño hermoso o a un hombre musculoso y apuesto, como se ve, por ejemplo, en las estatuas griegas de la época de los primeros Juegos Olímpicos.

En las Metamorfosis de Ovidio, Adonis es asesinado por un jabalí mientras caza, tras lo cual se convierte en una anémona. Esta flor sólo ofrece una breve alegría, ya que su ligero peso la hace frágil y vulnerable y a menudo la rompe el viento.

Todos los años, al comienzo de la primavera, en Oriente y en Roma, se celebraba la fiesta de Adonis; según Ovidio, porque Venus quería que se reviviera y se mostrara su muerte, un momento posterior a su lamento.

Deidades de la salud

Esculapio (Asclepio)

El dios de la medicina

Asklepios (griego antiguo: Ασκληπιός, *Asklepios*; latín: *Esculapio*; holandés *Asclepio*) es el dios de la medicina y la curación en la mitología griega.

Antecedentes

Era hijo de Apolo y Coronis. Sin embargo, la embarazada Coronis se enamoró del mortal Ischys. Apolo mató a su amante infiel y (según Ovidio) transformó el cuervo blanco que había dado la noticia en uno negro. Extrajo al niño del cuerpo de la madre muerta y Asklepios vino al mundo en Epidauro. Asklepios fue confiado por Apolo al sabio centauro Quirón, que le enseñó medicina. Sin embargo, Asklepios demostró tener tanto talento que era capaz de resucitar a los muertos, una habilidad que se dice que utilizó varias veces (incluso con el hijo de Teseo, Hipólito). Sin embargo, Zeus consideró que resucitar a los muertos era una violación del orden y mató a Asklepios con su rayo. Sin embargo, Apolo tomó represalias matando a los cíclopes (los creadores de los rayos de Zeus). Apolo fue castigado y tuvo que pasar un año al servicio de un mortal, Admetus, pero salió airoso ya que Zeus llamó a Asklepios a la vida.

Con Homero, aún no es un dios, sino un médico experto; sólo a partir del siglo V a.C. es venerado como dios de la medicina.

Las tres hijas de Asklepios eran Hygieia (diosa de la salud), Achelois (diosa de la luna y del alivio del dolor) y Panacea (diosa de las medicinas). También se dice que tuvo dos hijos, los hábiles médicos

148

Podalirio y Macaón (mencionados por Homero en la Ilíada). El famoso médico Hipócrates también se considera descendiente de Asklepios.

Lo que es exactamente la verdad es incierto. Si Asklepios trabajó realmente en Epidauro es algo de la tradición. Epidauro tenía sin duda un balneario y probablemente uno de los primeros hospitales organizados de los que se tiene constancia. La leyenda cuenta que la gente iba a Epidauro cuando estaba enferma. Cuando uno veía una serpiente en un sueño, se curaba (véase también el culto a Asklepios en Epidauro). Así, Asklepios suele ser representado con un báculo con una serpiente enroscada, el báculo de Asklepios o esculape. Ha sido el símbolo de los médicos durante siglos. Este símbolo también se utiliza para los farmacéuticos, con un cuenco en la parte superior del bastón de asklepios, del que se alimenta la serpiente. Este cuenco es el símbolo de Hygieia, la diosa de la salud e hija de Asklepios.

Veneración

El santuario de Asklepios se caracteriza por un templo bajo el cual se construyó un laberinto en el que se guardaban las serpientes.

En varios lugares de Grecia hay restos de santuarios dedicados a Asklepios, como el Asklepieion en la isla griega de Kos, así como en Epidauro y Trikala, y en Pérgamo (Asia Menor).

Otras deidades

Charites (Las Gracias)

Diosas de la fertilidad, el encanto y la belleza

Las (tres) **Gracias** (latín: *Gratiae*), **Charites** (griego: *Charites*) o la **trinidad de los Adornos**, eran tres hermanas de la mitología griega y romana.

Según la mitología griega, eran hijas de Zeus y Eurínome, pero en algunos relatos también son hijas de Dionisio y Afrodita (Venus), o de Helios y la náyade Egle. Según la mitología romana, eran las hijas de Baco y Venus.

Las Gracias son:

- Aglaia, representa la belleza y el brillo.
- Eufrosina, representa la alegría.
- Thalia (o Cleta), representa la felicidad (floreciente).

A veces se nombra a Peitho (según los romanos, Suada) en cuarto lugar. Juntos, representan la fertilidad, la creatividad y el encanto.

Las Gracias se asociaban a menudo con las nueve musas. El río Cefiso, cerca de Delfos, estaba dedicado a ellos.

Las gracias en el arte

Las Gracias inspiran el talento humano y la creatividad y son en sí mismas un tema favorito en el arte. Suelen representarse los tres frente a frente con los brazos sobre los hombros del otro. También se les representa a menudo en los Campos Elíseos, el inframundo celestial de los griegos.

Mortales - Desafió a los mortales

Aquiles

Aquiles (en latín) o **Achilleus** (griego antiguo: Ἀχιλλεύς, *Akhilleús*) es una figura de la mitología griega. Es el héroe principal de la Guerra de Troya y el protagonista del libro de Homero *La Ilíada*. Homero describe al héroe como el más limpio, valiente, fuerte y elevado de todos los héroes. Las leyendas posteriores (Estacio) describen que Aquiles sólo era vulnerable en el talón. Esto se convirtió en su muerte, murió por una flecha venenosa que le alcanzó en el talón. El término talón de Aquiles tiene su origen en esta historia.

Aquiles era hijo de Peleo, el rey de los mirmidones de la Tesalia griega, y de la nereida Tetis, hija de Nereo, nieto de Aiakos (Eaco) y, por tanto, descendiente de Zeus. A menudo se le llama "Peleide" o "Aiakide", *epítetos* que recuerdan el descenso del veloz Aquiles. Junto con Deidameia, hija del rey Licomedes de Skyros, tuvo un hijo, Neoptolemos, también un distinguido héroe de la guerra de Troya.

Vida

Fue el más valiente, el más limpio, el más fuerte y el más alto de todos los héroes griegos que fueron a Troya, y la figura más grande de la *Ilíada* de Homero, que en este poema épico ha cantado las alabanzas de sus hazañas, sin contar, sin embargo, nada de su vida antes de la marcha.

Esta vida, según los escritores posteriores, fue muy rica en acontecimientos milagrosos. También mató a mucha gente, incluso en la guerra contra Troya. En el centro del mito de Aquiles está su relación con Patroclo, descrita en varias fuentes como una profunda amistad o amor. Murió en la batalla contra Troya.

Personaje

Aquiles es un personaje complejo. En la *Ilíada* aparece como un héroe ideal, joven, bello, valiente y combativo, con fuertes rasgos emocionales. Por ejemplo, siente un fuerte odio por los enemigos y un gran amor por sus amigos, se emociona fácilmente hasta las lágrimas y actúa con precipitación. Aquiles toma decisiones a partir de las emociones que siente. A lo largo de los años se ha ido haciendo hincapié en este aspecto emocional. Más tarde se le consideró la antítesis de la estoa, en la que se hace hincapié en la razón y no en el sentimiento. Odiseo es un buen ejemplo de esta filosofía, actuando desde su razón.

Lo notable de Aquiles es que, a pesar de sus expresiones extremas, posee perspicacia y autoconocimiento. A diferencia de Hektor, él ya sabe que va a morir. En su discurso (Ilíada IX, 308-429), duda de su deber como héroe y se plantea volver a casa. Prefiere vivir una vida tranquila en casa que ganar honor en la guerra de Troya. Al darse cuenta de su mortalidad (su amado Patroclo ha muerto y él mismo morirá), acaba con sus enemigos a sangre fría y sin piedad.(Ilíada XXI, 34-135)

Nacimiento e infancia

Antes de su matrimonio, Zeus y Poseidón también habían competido por la mano de la ninfa del mar Tetis, hasta que Prometeo informó a Zeus de una profecía: Tetis daría a luz un hijo que superaría a su padre. Por lo tanto, los dos dioses se retiraron como pretendientes y le permitieron casarse con Peleo. Como ocurre con la mayoría de los mitos, también existe una versión alternativa de esta historia: en la *Argonáutica* (IV 760), Hera alude al casto rechazo de las insinuaciones de Zeus por parte de Tetis, que habría sido así fiel al vínculo matrimonial de Hera.

Según Estacio en su *Achilleis*, la única fuente conocida de esta versión, la madre de Aquiles lo sumergió en la fuente de la Estigia (río del Hades, el inframundo) inmediatamente después de su nacimiento, para hacerlo invulnerable. Al hacerlo, Aquiles sólo quedó vulnerable en su talón, el lugar donde su madre lo había sujetado durante la inmersión. Según un mito más antiguo, Tetis lo untó con ambrosía y luego lo sostuvo sobre un fuego mágico para quemar la parte mortal. Cuando fue interrumpida en esto por su marido, lo dejó a él y a su hijo en su ira.

Sin embargo, ninguna de las fuentes de Estacio dice nada sobre esta invulnerabilidad. Homero incluso relata en su *Ilíada* cómo fue herido Aquiles: los *héroes* paeonianos Asteropaeus, hijo de Pelegón, desafiaron a Aquiles en el río Skamander. Al mismo tiempo, lanzó dos lanzas, una de las cuales rozó el codo de Aquiles, "dibujando un rastro de sangre".

Incluso en los poemas fragmentarios del *Ciclo Épico* que contienen una descripción de su muerte, como la *Cipria* (de autor desconocido), la *Æthiopis* de Arctino de Mileto, la *Ilíada Mikrà* de Lesche de Mitilene y la *Iliou pèrsis* de Arctino de Mileto, no hay ninguna referencia a su invulnerabilidad ni a su famoso talón de Aquiles. En las pinturas de vasos posteriores que representan la muerte de Aquiles, la flecha (o en muchos casos las flechas) golpea su cuerpo.

Su padre le dio como tutor a Phoinix, el hijo de Amyntor, que le enseñó a luchar, a caminar, a montar y el juego de la cítara. Se le entregaron los caballos Xanthus y Balius, que habían sido entregados a su padre como regalo de bodas. Además, el centauro Quirón le enseñó cirugía en el monte Pelión.

Guerra contra Troya

Partió hacia Troya en cincuenta barcos, acompañado por su tutor Foinix y su amigo íntimo Patroclo. Aquiles tuvo que elegir entre una vida larga y apacible, pero sin gloria, y una muerte temprana pero famosa. Para tristeza de su madre, eligió lo segundo. Durante los primeros años de la guerra de Troya, destruyó 12 ciudades en la costa y 11 en el interior de Troya, y mientras luchó en las filas de los griegos, éstos siempre conservaron la ventaja sobre los troyanos. En todos los peligros, estaba bajo la protección especial de Palas Atenea y de Hera.

Cuando los griegos exportaban para la guerra contra Troya, atracaron por casualidad en Misia, donde gobernaba el rey Télefo. En la batalla que estalló entonces, Aquiles infligió una herida a Télefo que no se curó. Télefo buscó el consejo de un oráculo, que declaró que "el que hiere sanará".

Según otros relatos de la obra perdida de Eurípides sobre Télefo, éste fue a Aulis vestido de mendigo y allí pidió a Aquiles que curara su herida. Aquiles se negó, alegando que no tenía conocimientos médicos.

Entonces, Télefo retuvo a Orestes como rehén, para cuya liberación exigió que Aquiles le ayudara a curar su herida. Odiseo razonó entonces que era la lanza la que había infligido la herida y, por lo tanto, la lanza también debería ser capaz de curarlas. Los trozos de la lanza se rasparon de la herida y Telephos se curó.

Según Plutarco y el erudito bizantino Ioannes Tzetzes, tan pronto como las naves griegas llegaron a Troya, Aquiles luchó y mató a Cicno de Colonae, un hijo de Poseidón, que era invulnerable fuera de su cabeza.

Según el De excidio Troiae historia ("Relato de la destrucción de Troya") de Dares Phrygius, el resumen latino que transmitió la historia de Aquiles a la Europa medieval, Aquiles vio a Troïlos, el hijo menor de Príamo y Hekabe (algunos dicen que Apolo era su padre), mientras bebía sus caballos fuera de las murallas de Troya en la Fuente de los Leones. Aquiles estaba enamorado de la belleza de Troilo, descrita por Ibycus como "oro tres veces refinado". Troilo rechazó los avances de Aquiles y se refugió en el templo de Apolo. Entonces Aquiles persiguió a Troilo hasta el santuario y lo decapitó en el altar del propio dios. En esa época, Troilo tendría un año menos de veinte, la edad que Troilo debía alcanzar para que Troya fuera invencible, según la leyenda.

El asunto Briseys

En Lyrnessos, una de las ciudades que conquistó, Aquiles capturó a una hermosa muchacha, Briseïs, hija de Brises. Agamenón, el comandante en jefe de los griegos, había capturado a la bella Crisipo en una acción similar. Era hija de Crisés, un sacerdote de Apolo. Su padre ofreció un gran rescate por ella, pero Agamenón se negó a devolver a Criseida. Como resultado, la peste se desató en el campamento griego a manos de Apolo. Finalmente, Agamenón fue aconsejado por Calcas, que fue apoyado en esto por Aquiles, para devolverla a su padre y hacer grandes sacrificios en honor a Apolo, para alejar la plaga de nuevo. En venganza, Agamenón reclamó a Briseida, para castigar a Aquiles por apoyar a Calcas. Aquiles era terco y seguía enfadado porque había perdido a Briseida. Aún así, se negó a unirse a la lucha y sólo volvió a interferir tras la muerte de su amigo Patroclo (que se había puesto la armadura de Aquiles).

La muerte de Aquiles

Según la mayoría de las historias, Aquiles murió por una flecha lanzada por Paris. Así, algunas leyendas cuentan que esa flecha fue lanzada al talón de Aquiles, que la flecha era venenosa o que la flecha fue guiada por Apolo. Sin embargo, Paris, que suele ser representado como un cobarde, no recibe crédito por este acto en todas las historias. El lugar varía en los mitos. A veces tiene lugar en el campo de batalla, otras veces ocurre durante el matrimonio con Polixena.

Veneración

El culto a Aquiles no se limitaba a su tumba: también se le veneraba en Eritrea (Asia Menor), Esparta y Elis (Peloponeso), así como en Astypalaia, una isla de las Cícladas. En la isla de Leuce, la Isla Blanca, en el Mar Negro, existía un culto arcaico a Aquiles con un templo y un oráculo que persistió hasta la época romana.

Ganímedes

Un apuesto príncipe troyano, raptado por Zeus y convertido en copero de los dioses

Ganímedes (griego antiguo: Γανυμήδης; latín: *Ganímedes* o *Catamitus*, de donde deriva la palabra *catamita*, muchacho de la vergüenza) es un personaje de la mitología griega. Era hijo del rey Tros, fundador de Troya, y pastor del ganado de su padre. Los dioses le echaron el ojo porque - como dice Homero- era "el más bello de los mortales" (*Ilíada* 20, 233). Homero cuenta que su padre recibió varios caballos de Zeus como compensación *(Ilíada* 5, 265-267). En versiones posteriores, se convierte en una historia homoerótica y es el propio Zeus el que se enamora del muchacho cuando lo ve pastando un rebaño de ovejas en el monte Ida. Le robó con la ayuda de un águila y, en la última versión, incluso bajo la apariencia de un águila y lo llevó al Olimpo, donde el muchacho se convirtió en un escanciador de vino. Esta última versión puede leerse en las *Metamorfosis* de Ovidio (XI, 765), que posteriormente se convirtió en la fuente más famosa de la historia.

Incluso en la Edad Media se seguía representando a *Ganímedes*, como en *Ganímedes y Helena*, en la que se habla de la homosexualidad de forma notablemente abierta para la época.

Ganímedes como motivo artístico

La figura de Ganímedes con el águila se representó a menudo en el arte, especialmente en el Renacimiento y el Barroco. La historia se explicaba de forma alegórica y se decía que representaba el anhelo del alma humana de unirse a Dios, con Ganímedes representando el alma humana y Zeus a Dios. Sin embargo, esta explicación alegórica debió ser a menudo un mero pretexto para representar una escena homoerótica. En Correggio, Annibale Carracci, Gabriel Ferrier, Rubens y Rembrandt se observan enfoques muy diferentes. Artistas posteriores también retomaron el tema, como Thorvaldsen, Christian Wilhelm Allers y Hans von Marées.

Hércules

Uno de los héroes más fuertes y célebres de la mitología clásica

Hércules es el nombre romano de Heracles, un personaje de la mitología griega. Bajo el nombre de Hércules, era adorado como un dios en la antigua Roma. Según Tito Livio, el culto a Hércules fue el único aceptado por Rómulo en la fundación de Roma. En Armenia, se identificaba con el dios armenio Vahagn (Վահագն).

Además de las habituales historias griegas sobre Hércules que los romanos adoptaron, también hay historias romanas sobre Hércules. Por ejemplo, Virgilio cuenta en su *Eneida* que el monstruo escupefuego Caco, que había escondido a la manada de Geryones en su cueva del Aventino, fue muerto por Hércules. Por este hecho, se dice que el propio Hércules o Euander instituyó el culto a Hércules, en el lugar del Ara Maxima en el Foro Boario. Este era un lugar apropiado para el culto a Hércules, ya que el Foro Boario era uno de los centros comerciales de la antigua Roma, y Hércules (como Mercurio) era considerado el protector de los comerciantes. El culto a Hércules se prolongó con al menos otros 12 santuarios y templos en la ciudad.

Héroes

Eneas

Un héroe de la guerra de Troya y progenitor del pueblo romano

Eneas es el héroe de la Eneida de Virgilio, pero fue venerado por los romanos mucho antes de que se escribiera la Eneida. Le llamaban Júpiter indiges, "el fundador de la raza".

Eneas (griego antiguo: Αἰνείας, *Aineias*) fue un héroe mitológico troyano. Eneas es hijo de la diosa Afrodita (Venus en la mitología romana) y de un hombre mortal, Anquises, por lo que puede considerarse un semidiós. Eneas es introducido en la literatura por Homero (*Ilíada*, Libro II) como líder de los dardanos (troyanos). Es el protagonista de la epopeya *La Eneida*, de Virgilio, que cuenta cómo, tras su huida de Troya, Eneas se dirigió al Lacio (en Italia) con mucho vagabundeo tras el cual sus descendientes fundarán Roma.

Eneas en la Ilíada

Según Homero (que a su vez se basó en una larga tradición literaria), Eneas es un héroe troyano que, ayudado por Palas Atenea, se enfrenta a Diomedes (Libro V). Herido por Diómedes, que le lanzó una piedra, es rescatado por Afrodita, tras lo cual Apolo lo toma bajo su protección. Diomedes ataca a Eneas tres veces y es expulsado por el dios tres veces. Eneas es atendido y curado en la ciudadela de Troya por Leto y Artemisa. Apolo crea un "fantasma de Eneas" para distraer a Diomedes, al igual que más adelante en la *Eneida* se crea un fantasma de Eneas para distraer a Turno. Más tarde, Eneas se plantea luchar contra Menelao, pero cuando éste recibe ayuda, Eneas renuncia a ella.

En el libro XX, Eneas desafía a Aquiles, pero cuando éste lo hiere y está a punto de matarlo, Eneas se salva por la intervención divina de Poseidón, que valora la reputación de piedad de Eneas. Poseidón exhorta a Eneas a no desafiar a los combatientes superiores. Antes de la batalla real, Homero da la genealogía de Eneas con la promesa de restaurar la dinastía de Príamo y Troya.

Eneas en la Eneida

El padre de Eneas, Anquises, era de la misma sangre que el rey de Troya, Príamo. La esposa de Eneas, Creüsa, era de la misma sangre, sólo que un poco más emparentada. Cuando los griegos invaden la ciudad a través del Caballo de Troya, Eneas, al igual que todos los demás troyanos, aún está dormido, pero en un sueño Héctor se le acerca y le dice que huya con sus hombres (dioses guardianes de Troya) para construir una nueva Troya en otro lugar. Héctor también le dice que lleve a los Penates (dioses de la casa) de Troya a un lugar seguro, que ya los había traído con él. Cuando Eneas se despierta, Troya ya está en llamas y los dioses de la casa están a sus pies.

Después de seguir luchando obstinadamente y en contra de su buen juicio durante algún tiempo, vuelve a casa. Con su viejo padre Anquises y los tesoros a cuestas y con su hijo Ascanio/Julo de la mano, abandona su casa con Creüsa.

Había acordado con los demás refugiados reunirse en un templo remoto. Sin embargo, una vez allí, se da cuenta de que su mujer ya no le sigue. Se dirige de nuevo, hacia la ardiente Troya, pero cuando llega a su casa, ésta ya está en llamas. Se da la vuelta y quiere continuar su búsqueda cuando, de repente, oye la voz de su mujer y ve su figura: su fantasma le dice que ya ha bajado al inframundo. Eneas quiere abrazarla por última vez pero se agarra al aire. Regresa al punto de reunión en el templo, tras lo cual Eneas y sus compañeros inician su largo viaje.

Conversiones

De vuelta al templo, el grupo de refugiados resulta ser considerable, y los troyanos desplazados, que ahora han elegido a Eneas como líder, huyen de la ciudad en barcos y comienzan su viaje por mar. Tras un largo periplo con varios desembarcos, en los que cada vez queda claro que los dioses no los quieren allí, finalmente son arrojados al norte de África por una tormenta.

La tormenta, provocada por Hera (en la mitología romana: Iuno), parte la flota en dos, tras lo cual los dos grupos llegan por separado a la playa de Cartago. Eneas, que consigue desembarcar con siete naves, sale a explorar con su amigo Acates y se encuentra con Afrodita (Venus), su madre, que les habla de Dido y Cartago. Eneas y Acates son envueltos temporalmente por la diosa en una nube de invisibilidad y caminan hacia Cartago. Allí, Eneas ve al otro grupo de troyanos, liderado por Illioneus, suplicando ayuda a la reina de Cartago, Dido. Al cabo de un rato, la nube de Eneas y sus compañeros se deshace y el grupo de Eneas aparece ante Dido. Este encuentro fue el comienzo de un tiempo de descanso para los troyanos. Vivieron en la corte de Dido durante bastante tiempo.

Pero Fatum (el destino) había decidido no dejar que el viaje de Eneas terminara allí y Júpiter (Zeus) informó a Eneas a través de Mercurio, el mensajero de los dioses, que debía continuar su viaje, primero a Cumas para descender al inframundo a través de una sacerdotisa para hablar con su padre. Con esto, Eneas no estaba muy contento, aunque lo había previsto. A escondidas, se preparó para salir. Sin embargo, Dido se enteró del asunto y trató de persuadirlo para que se quedara. Incluso quería entregarle el poder. Pero Eneas no cedió; no podía hacer otra cosa, porque había que obedecer la voluntad de los dioses. Así que los troyanos se fueron de nuevo. Eneas miró hacia atrás una vez más y vio a Dido de pie en una colina. Maldijo a Eneas y gritó que la ciudad que fundara seguiría siendo siempre enemiga de Cartago. Luego se atravesó con su espada.

Lacio

Tras un viaje auspicioso -el dios del mar Neptuno pensó que ya habían tenido suficientes desgracias en el mar- llegaron a Cumas. Eneas obtuvo una ramita de oro y descendió al Tártaro con la sacerdotisa. Resultó que su padre residía en una parte mejor del inframundo (El Elíseo). Anquises le dijo que ya conocía el futuro y le señaló a su hijo las almas que más tarde albergarían los cuerpos de Julio César, Augusto y muchos otros futuros gobernantes romanos. También dijo que a Eneas le esperaba una dura batalla en el Lacio, la tierra que le habían prometido.

Después de visitar el inframundo, los troyanos viajaron al Lacio. Aquí gobernaba el rey Latino, que en tiempos anteriores había oído profecías sobre un pueblo extraño que un día llegaría y se haría poderoso. Así que decidió seguir siendo amistoso y ofreció astutamente a su hija Lavinia que se casara con él. Por parte de su madre Amata, Lavinia ya había sido prometida a Turno, el jefe de la tribu de los rútulos. Incitado por una de las Furias, Turno convocó una guerra contra los troyanos. Sin embargo, Eneas aún tenía mucho tiempo para construir un fuerte con sus hombres y encontrar aliados en la zona. Tras una batalla, ganada por los troyanos, Turno se retiró. Más tarde, Turno mató al joven héroe Pallas, hijo del rey Euandro, un rey latino que era demasiado viejo para luchar él mismo, pero envió a su hijo con Eneas. En el libro XII, las cosas llegan finalmente a un enfrentamiento entre Eneas y Turno. Eneas no quería que murieran muchos inocentes y se ofreció a batirse en duelo con Turno para que la guerra se decidiera. Turnus estuvo de acuerdo, pero Iuno desbarató el plan y se llegó a una batalla de todos modos. Cuando la batalla llevaba ya algún tiempo, Turno y Eneas ordenaron a sus hombres que dejaran de luchar para poder batirse en duelo. Eneas, que era más viejo, más fuerte y más experimentado que el joven Turno, ganó el duelo. La epopeya termina in medias res: Turno suplica por su vida y promete sumisión, pero Eneas ve entonces a Turno llevando el cinturón de Palas, tras lo cual lo mata con ira.

Áyax el Grande

Un héroe de la guerra de Troya y rey de Salamina

Áyax o **Aias**, del latín *Aiax*, griego antiguo: Αἴας, fue en la mitología griega uno de los principales héroes de la *Ilíada* de Homero. Era hijo de Telamón y se le llama el gran Áyax, en contraste con Áyax, hijo de Oileo, otro héroe del ciclo de la Guerra de Troya, al que se le llama el pequeño Áyax. Juntos, se llaman los Aiants.

La vida

Áyax era hijo del argonauta Telamón, rey de Salamina, y de Periboia, una hija de Alkathoös. Se dice que su nombre deriva del águila, *aietos*, que su padre vio cuando rezó a Zeus para que le concediera un hijo valiente. Áyax hablaba poco y despacio y tenía un enorme valor. Era uno de los pretendientes de Helena, que había jurado ayudar al que se convirtiera en su marido. Por ello, luchó en la Guerra de Troya, descrita por Homero en la Ilíada. Su valor y su fuerza eran desproporcionados en comparación con los 12 barcos que traía de Salamina. Según la Ilíada, fue el segundo héroe más grande de los griegos que lucharon en Troya después de Aquiles. En la Ilíada se le menciona como alguien de enorme estatura, que literalmente sobresale por encima de los demás. Su epíteto es "baluarte de los griegos", destacando por su armadura su enorme escudo de cuero de buey. Nunca fue herido durante todas las batallas en las que participó en Troya. Un pasaje describe la impresión que causó en griegos y troyanos:

Mientras hablaban así, Áyax se armó en el temible bronce. Cuando se hubo blindado por completo, se adelantó como el gigante Ares va a la guerra en medio de los hombres, a los que Zeus ha reunido en furiosa batalla y consumidora lucha. Entonces el gigante Áyax, el baluarte de los griegos, apareció con una sonrisa en su sombrío semblante. A grandes zancadas avanzó, blandiendo su larga lanza. Los griegos lo miraron con alegría, pero un temor tembloroso se apoderó de los troyanos; el corazón de todos, sí, incluso el de Hektor, palpitaba en su pecho. Pero ahora era imposible flaquear o escabullirse entre la multitud de sus hombres; había desafiado a la batalla. Áyax se acercó portando su escudo, como un baluarte tan grande, tachonado de bronce, hecho con siete pieles de ganado por Tychios, ...

Hektor, el más poderoso del bando de Troya, desafió a los griegos a decidir la guerra con uno de ellos entre ellos. Por ello, Áyax fue elegido por sorteo por los griegos. Luchó en el duelo con Hektor, casi matándolo con una gran piedra, pero la batalla se abandonó porque estaba demasiado oscuro. Luego intercambiaron regalos, con Áyax dando un cinturón de espada púrpura y Hektor una espada. Áyax era amigo de Aquiles, lo que demuestra que ayudó a persuadir a Aquiles para que volviera a luchar. Al día siguiente, cuando Odiseo fue herido, Áyax lo rescató. Cuando los troyanos llegaron a la muralla que protegía los barcos griegos, él y el otro Áyax mantuvieron a raya a los troyanos. Sin embargo, Áyax, a pesar de su valiente acción cerca de las naves, no pudo evitar que los troyanos incendiaran una nave griega. La situación fue rescatada por Patroklos, vestido de Aquiles, y los mirmidones. Después de que Patroklos fuera asesinado por Hektor y despojado de su armadura, Áyax protegió el cadáver con su gran escudo. En los juegos fúnebres de Patroklos, Áyax participó en varios juegos, luchando contra Odiseo y siendo derrotado por Diomedes en el lanzamiento de lanzas. Más tarde, se describe cómo Áyax arrastró el cadáver de Aquiles, manteniéndolo fuera de las manos de los troyanos mientras Odiseo mantenía a los troyanos a raya.

Hay varias historias sobre la muerte de Áyax. La historia más conocida es la de Homero en la Odisea y tras la cual Sófocles escribió una tragedia: Aias. Según esta historia, tras la muerte de Aquiles, hubo una disputa entre Áyax y Odiseo sobre quién podía quedarse con la armadura de Aquiles. Se dice que los dirigentes griegos lo votaron o que dejaron que la decisión la tomara el adivino troyano capturado Helenos, hijo de Priamos. En cualquier caso, Odiseo consiguió la armadura. Impulsado por la ira y los celos, Áyax quiere vengarse de los líderes griegos por la noche, pero Atenas lo vuelve loco, llevándolo a matar un rebaño de ovejas en lugar de los líderes griegos. Una vez que recuperó el sentido común, se suicidó por vergüenza y remordimiento con la espada que había recibido de Hektor. Donde su sangre cayó al suelo, florecieron jacintos en las letras AI, las dos primeras letras de su nombre, pero también, traducido al neerlandés, el griego para "¡Ay!" o "¡Ay!". También se dice que cuando el barco de Odiseo se hundió durante todas sus andanzas, la armadura de Aquiles fue arrastrada a la tumba de Áyax y así, por justicia divina, le quedó lo que le pertenecía.El gran Áyax, según otra historia, fue muerto por una flecha de Paris, al igual que Aquiles, pero según otra historia más, los troyanos lo enterraron vivo arrojándole arcilla. No pudieron matarlo porque había sido hecho inmortal por Heracles, que lo había envuelto en su piel de león.

Áyax tuvo un hijo, Eurysaces, "escudo ancho", que sucedió a Telamón como rey de Salamina. El propio Áyax nunca fue rey de Salamina, pero fue venerado allí.

Dédalo

Un creador de un laberinto

Dédalo (en latín) o **Daidalos** (en griego: Δαίδαλος), hijo de Eupálamo y Alcippe, es un conocido personaje de la mitología griega, conocido como inventor, escultor y arquitecto. La historia más conocida sobre él es la del laberinto de Creta y la huida con su hijo Ikaros.

Dédalo y Perdix

Según los atenienses, Dédalo vivió por primera vez en su ciudad y, de acuerdo con los mitos, era un arquitecto muy respetado y creador de estatuas de gran realismo. También se le atribuyen varios inventos, como el hacha y la vela. Fue considerado el mayor creador de su tiempo.

Sin embargo, uno de sus discípulos, su propio sobrino, fue capaz de superarlo. Ese sobrino -o su madre, la hermana de Dédalo- se llamaba Perdix; la palabra griega πέρδιξ (*perdix*) significa perdiz y también fue elegida siglos después como nombre científico de la perdiz.

En efecto, el alumno diseñó la brújula y, mientras estudiaba un pez con el lomo espinoso, se le ocurrió la idea de la sierra. Por celos, Dédalo empujó a Pérdix desde la Acrópolis de Atenas, pero la diosa Palas Atenea, patrona de la sabiduría, salvó la caída de Pérdix convirtiéndolo en una perdiz, una especie de ave que vuela más bajo que alto, por miedo a su anterior caída.

A pesar de ese rescate, Dédalo fue acusado de asesinato por sus conciudadanos. En consecuencia, huyó de la ciudad de Atenas y viajó a Creta.

Dédalo en Creta

En Creta, Dédalo entró al servicio del rey Minos. Allí diseñó un escenario de danza para la hija de Minos, Ariadna.

El vanidoso Minos desafió a los dioses: cambió un toro blanco y sagrado, que Poseidón le había dado para sacrificarle, por uno gris. El dios castigó a Minos golpeando a su esposa, la reina Pasífae, con la locura. En un ataque de enamoramiento, quiso tener relaciones sexuales con el toro. Dédalo fue el responsable de la vaca de madera que permitió a la reina tener relaciones con el toro. El resultado monstruoso de ese apareamiento fue el Minotauro. El rey encargó a Dédalo el diseño del Laberinto de Cnosos, donde el monstruo estaba cautivo.

Dédalo e Ícaro

La historia de Dédalo y su hijo Ikaros, que había engendrado con Naucrate, se describe, entre otras, en *las Metamorfosis* de Ovidio.

Después de construir el laberinto, él e Ikaros se quedaron atrapados en Creta porque Minos no les dejaba salir, debido a que conocía el secreto del laberinto de Cnosos. Como Creta es una isla y los puertos estaban vigilados, la huida era muy difícil.

La huida sólo era posible por aire. Por ello, Dédalo fabricó dos pares de enormes alas de pájaro con plumas, que fijó a marcos de madera con cera de abeja. Junto con su temerario hijo Ikaros, se aventuró entonces a cruzar el mar Egeo desde Creta hasta Atenas. Aconsejó a su hijo que no volara demasiado alto, es decir, no demasiado cerca del sol. Tampoco debe volar demasiado bajo, ya que el agua podría mojar las plumas. Tuvo que tomar la Vía Media Dorada o el Aurea Mediocritas.

Sin embargo, Ikaros no escuchó el consejo de su padre. Se volvió demasiado confiado y voló cada vez más alto. El calor del sol hizo que la cera de las abejas se derritiera y las alas se deshicieran, con lo que Ikaros se precipitó al mar. Dédalo vio a su hijo desaparecer en las olas. Mientras
171

tanto, un pastor, un pescador y un agricultor que observaban desde la distancia confundieron a Dédalo e Ikaros con dioses, porque sólo los dioses podían hender el cielo.

El afligido Dédalo enterró a su hijo tras encontrarlo en una isla cercana, tradicionalmente la isla de Ikaria. La parte del mar en la que había caído Ikaros (entre las Cícladas y Asia Menor) recibió su nombre: el Mar Icario.

Jason

Jasón (griego antiguo: Ἰάσων, *Iásôn*) era, en la mitología griega, el hijo del rey Aesón, rey de Iolkos, una ciudad de Tesalia. El rey Esón fue despojado del gobierno por su hermanastro Pelias. Cuando Jasón nació, sus padres temían que Pelias lo matara, así que lo enviaron en secreto a las montañas de Pelión, donde fue criado por el sabio centauro Quirón.

Siendo un joven de veinte años, Jasón regresó a Iolkos para reclamar la realeza. Exigió que le devolvieran el trono de su padre y Pelias le dijo que podía conseguirlo, pero también le dijo a Jasón que le perseguía el fantasma de Phrixos, que exigía que se recuperara el Vellocino de Oro.

Jasón decidió emprender el viaje y reunió a un gran número de héroes griegos para el viaje, entre ellos Heracles, Teseo, Peleo, Meleagro, Laertes, Zetes y Calais, Cástor y Pólux y el cantor Orfeo. Los participantes en la expedición se llaman Argonautas porque su barco se llama Argo.

El viaje se dirigió a Cólquida, en el lado oriental del Mar Negro. Una vez aquí, pidió al rey de Cólquida (Aietes) el vellocino de oro. Este último estaba dispuesto a darlo si Jason podía realizar primero una tarea: Jasón tuvo que domar a dos toros que escupen fuego, los Khalkotauroi, y arar el campo con ellos, para luego sembrar dientes de dragón y derrotar a los guerreros que surgirían de ellos. Con la ayuda de Medea, la hija del rey, Jasón logró completar las tareas. Sin embargo, su condición para esta ayuda era que Jasón debía prometerle que se casaría con ella.Tras completar con éxito esta tarea, Jasón regresó ante el rey para recibir el Vellocino de Oro. Aietes, sorprendido y enfadado por el hecho de que Jasón haya pasado de sus órdenes, le dijo a Jasón que el Vellocino de Oro estaba custodiado por un dragón; para conseguirlo, Jasón tendría que derrotar primero al dragón. Orfeo cantó al dragón para que se durmiera, permitiendo que Jasón se llevara el vellocino de oro. Aietes no se enfadó menos por el hecho de que Jasón hubiera conseguido el vellocino de oro de todas formas, especialmente cuando su hija Medea y su joven hijo (el heredero al trono) se embarcaron con él. Fue tras el Argo con sus barcos. Medea no sabía nada mejor que desmembrar a su hermano pequeño y tirarlo por la borda; a Aietes no le quedó más remedio que hacer que sus barcos recogieran los pedazos de su hijo para poder enterrarlo y dejar que el Argo se fuera.

Jasón y Medea se casaron y tuvieron hijos. Cuando, años después, Jasón se enamoró de otra mujer, Medea se enfadó tanto que mató a sus dos hijos. Luego derribó el Argo sobre Jason mientras éste dormía a su sombra, matándolo.

La mitología también menciona el envenenamiento con sangre de toro.

Odiseo

Algunos escritores romanos tendían a menospreciar a Odiseo como destructor de la ciudad madre de Roma, Troya. Otros escritores romanos (como Horacio y Ovidio) lo admiraban.

Odiseo (griego antiguo: Ὀδυσσεύς o también Ὀδυσεύς, pronunciación holandesa: Odíssuis) o **Ulixes** (latín) es una figura del ciclo de mitos de la antigüedad clásica en torno a la Guerra de Troya. Es el rey de la isla de Ítaca, hijo de Laërtes y Antikleia, un astuto capitán griego, inventor de la artimaña con el caballo de madera mediante la cual se gana la guerra después de diez años, tras lo cual deambula durante otros diez años antes de volver a casa. Es un personaje importante en la Ilíada de Homero, mientras que en la Odisea es el protagonista. Otros poetas clásicos también escribieron sobre él, como Sófocles, en las *Filoctetas*. A los filósofos les gustaba recurrir al Odiseo de la Ilíada, al que veían como un dechado de perseverancia. Los poetas favorecían su astucia y eran más propensos a elegir la Odisea para su interpretación de Odiseo.

Experiencias

La historia de Odiseo narrada por Homero, en la que se encuentra con todo tipo de criaturas míticas y adversarios humanos durante sus años de peregrinación, es en realidad una especie de novela de aventuras *avant la lettre*.

Guerra de Troya

Cuando Odiseo y Penélope, que viven en Ítaca, acaban de tener a su hijo Telemachos, Menelao y un grupo de personas, entre ellas Palamedes, acuden a él para convencerle de que luche en la guerra de Troya. Odiseo, al no querer unirse tras el nacimiento de Telemachos, finge haberse vuelto loco y comienza a sembrar sal en los campos. Palamedes, sabiendo lo astuto que es Odiseo, no se deja engañar, va a comprobarlo y pone a Telemachos delante del arado. Odiseo evade inmediatamente a su hijo recién nacido, pero al hacerlo se traiciona a sí mismo. Odiseo se deja convencer, pero hace prometer a Penélope que si no ha regresado para cuando Telemachos tenga barba, ella elegirá un nuevo marido.

Así, Odiseo luchó en la guerra de Troya y recibió la armadura de Aquiles tras su muerte. Áyax, hijo de Telamón, no recibió la armadura y mató un rebaño de ovejas. Había confundido a estas ovejas con los capitanes griegos a manos de Atenea, sobre los que quiso enfriar su ira, y luego se suicidó. Tras diez años de lucha, los griegos se dieron cuenta de que nunca podrían tomar Troya sólo con un asedio. Odiseo ideó una treta: los griegos navegaron con sus hombres hasta Ténedos, una isla frente a la costa de Troya, para esconderse allí, pero dejaron a uno de los suyos, Sinón, cerca de Troya con una gran construcción de madera, el caballo de Troya, en la que se habían escondido los soldados griegos. Los troyanos piensan, desde que los griegos se han ido, que se han rendido. Sinón dice que es una ofrenda de los griegos a Atenas y que si los troyanos toman el caballo dentro de sus murallas, se asegurará la paz en Troya. Pero para ello, deben derribar parte de la muralla que rodea su ciudad. Kassandra y Laokoön siguen advirtiendo a sus compatriotas de que se trata de una treta, pero aun así los troyanos caen en la trampa. Sinon, una vez que está en Troya y ha caído la noche, abre el caballo. Los griegos se bajan del caballo y consiguen abrir las puertas de la ciudad y así conquistar Troya, matando a muchos de sus habitantes.

Odiseo ya atrajo la ira de Poseidón en su viaje de regreso porque había sacado el ojo de Polifemo, el hijo de Poseidón. Por ello, Poseidón le prometió que su viaje de vuelta no estaría del todo exento de problemas.

Kikonen

Odiseo inició su viaje de regreso a su isla de Ítaca tras la toma de Troya, donde le esperaban su esposa Penélope y su hijo Telémaco. Llegó primero a la isla de los Kikons. Los kikons fueron aliados de los troyanos durante la guerra, y por esta razón Odiseo y sus hombres destruyeron toda la isla y mataron a casi todos los kikons excepto a Marón, el sacerdote de Apolo. Marón le dio a Odiseo 12 jarras de vino embriagador, que le servirían más tarde. Odiseo tuvo que partir con sus hombres de cabeza porque algunos kikones, que habían logrado huir, habían regresado con aliados. Perdió seis hombres en cada uno de sus barcos por sus acciones.

Comedores de loto

Odiseo recaló entonces en las Cícladas y navegó hasta la isla de los Comedores de Loto, también conocida como Lotoseter o Lotophagen. Los comedores de loto, como su nombre indica, sólo comen loto. Odiseo envió de inmediato a tres hombres a explorar este lugar. Cuando éstos no regresaron al cabo de cierto tiempo, Odiseo y los demás decidieron buscarlos. Resultó que los exploradores no querían volver a casa porque habían comido del loto. Odiseo arrastró a los hombres fuera de la isla y ordenó especialmente a los demás que no comieran de las flores mágicas. Los exploradores tuvieron que ser atados en el barco mientras Odiseo se alejaba con sus hombres.

El cíclope Polifemo

Odiseo llegó entonces a la isla de Sicilia, que en aquella época estaba habitada por cíclopes. Odiseo y sus hombres entraron en una enorme cueva repleta de estantes de queso y leche, que parecían guardar ovejas. Como regalo para el anfitrión, Odiseo había traído bolsas de vino del sacerdote del Kikonen. Cuando hubieron esperado un rato, el cíclope gigante Polifemo entró en la cueva con sus ovejas y preguntó quiénes eran los forasteros. Odiseo dijo que su nombre era "Nadie". Polifemo no fue muy amable y decidió comerse a algunos de los hombres de Odiseo. Sin embargo, como regalo a Odiseo, Polifemo prometió comérselo en último lugar. Odiseo quería matar al cíclope, pero se dio cuenta de que él y sus hombres quedarían atrapados en la cueva, ya que no eran lo suficientemente fuertes como para apartar la roca de la entrada. Por lo tanto, recurrió a una artimaña.

Todos los días Polifemo comía cuatro hombres, dos por la mañana y dos por la noche, y en un momento dado Odiseo preguntó si Polifemo no quería algo de beber. Le dio a Polifemo las bolsas de vino, que el cíclope vació por completo. Este último cayó entonces en un profundo sueño. Odiseo hizo un palo encontrado muy puntiagudo y lo calentó en el fuego. Junto con otros cuatro hombres, Odiseo clavó este palo en el único ojo de Polifemo, cegándolo. Polifemo pidió entonces la ayuda de otros cíclopes. Preguntaron por qué Polifemo pedía ayuda, a lo que él respondió: "¡Ninguna artimaña, ninguna violencia, me amenaza con la muerte!"Odiseo se dio cuenta de que aún no había salido de la cueva, ya que la única salida estaba bloqueada por una gran piedra, de la que era imposible salir. Por la mañana, Polifemo siempre dejaba salir a las ovejas, y éste, según Odiseo, era el momento de escapar. Ordenó a sus hombres que se colgaran cada uno debajo de dos ovejas para salir. Para él, sin embargo, sólo quedaba uno, que fue a colgar debajo. Polifemo palpó con sus manos si sólo las ovejas salían por la salida, y así no sintió que había personas colgadas debajo de las ovejas. Ante la última oveja, de la que Odiseo estaba colgado, sospechó, porque ésta debería estar delante. Sin embargo, lo dejó pasar. Cuando Odiseo llegó a su barco, no pudo evitar gritar a Polifemo que habían escapado. En respuesta, Polifemo lanzó una roca, que no llegó a alcanzar la nave. Odiseo gritó a Polifemo que prefería matarlo, lo que fue respondido con una segunda piedra. Polifemo se sintió herido y buscó la ayuda de su padre: el dios Poseidón. Le preguntó a su padre si podía hacer más difícil el resto del viaje de Odiseo a Ítaca. A causa de su huida, Odiseo tuvo que dejar atrás a su compañero Aquiménides, que más tarde sería recogido por Eneas.

Aiolos

Tras navegar durante algún tiempo, Odiseo llega a una isla, donde encuentra a Aiolos, el dios del viento. Odiseo y sus hombres son bien recibidos en su isla y permanecen allí durante más de un mes en el palacio de Aiolos. Cuando Odiseo se marcha de nuevo, Aiolos le da una bolsa que contiene todos los vientos excepto el viento del sur. Odiseo no debe abrirlo en ningún caso, porque debe utilizar los vientos para sus mástiles: si no hay viento, puede avanzar de nuevo abriendo el saco. Sus hombres sienten naturalmente curiosidad por saber qué hay en el saco, pero Odiseo no revela nada. Los hombres creen que hay oro y joyas en el saco, y piensan que Odiseo quiere quedarse con estos tesoros. Gracias a los vientos favorables de Eolo, Odiseo y sus hombres se acercan pronto a Ítaca. Cuando los hombres casi han llegado a Ítaca, Odiseo se queda dormido debido a la fatiga. Sus hombres brindan por la vuelta a casa con vino y abren todas las bolsas, así como la bolsa de todos los vientos, y se desata una gran tormenta que los aleja de Ítaca, de vuelta a la isla de

Aiolos. El dios se sorprende mucho de volver a ver a Odiseo, pero cuando le explica lo que ha sucedido se da cuenta de que uno de los dioses del Olimpo está enemistado con Odiseo. Además, está enfadado porque Odiseo haya manejado su regalo de esta manera, por lo que lo expulsa inmediatamente a él y a su séquito de su palacio.

Laistrygonen

Después de navegar lejos de Aiolos, Odiseo y sus hombres llegan a la isla de los Laistrygons. Casi todos los barcos de Odiseo atracan en el puerto, sólo el barco de Odiseo permanece a distancia. Los Laistrygons son gigantes y aplastan con piedras los barcos de Odiseo amarrados en el puerto. El barco de Odiseo consigue escapar por los pelos y, perseguidos por las rocas, navegan hasta Aiaia, el hogar de la hechicera Kirke, alias Circe.

Kirke

En Aiaia, Odiseo envía un grupo de exploradores para ver qué ofrece la isla. Sin embargo, cuando se alejan durante mucho tiempo, Odiseo decide buscarse a sí mismo. En su búsqueda, conoce a Hermes, el mensajero de los dioses. Advierte a Odiseo sobre la peligrosa poción mágica de la hechicera Kirke. Si Odiseo bebe de esto, se convertirá en una bestia a menos que ingiera una hierba llamada Moly, que Hermes le ofrece. Odiseo no se fía porque el Moly es venenoso. Hermes finalmente logra convencer a Odiseo. Odiseo se lo come, y procede a encontrar el palacio de Kirke. Alrededor del palacio, ve todo tipo de bestias diferentes caminando. Descubre que sus hombres también se han convertido en animales, concretamente en jabalíes.

Odiseo se encuentra con Kirke y le ordena que deje ir a sus hombres. Kirke quiere ofrecerle un trago primero, y Odiseo lo bebe, esperando que la hierba de Hermes funcione. Kirke se enfada cuando Odiseo no se convierte en un animal, y dice que conjurará a sus hombres si Odiseo se acuesta con ella. Odiseo se acuesta con ella y, como prometió, los animales vuelven a convertirse en humanos. Odiseo y sus hombres permanecieron en Aiaia durante un año. Luego, volvieron a avanzar.

Underworld

Kirke había aconsejado a Odiseo que fuera al inframundo y buscara la sombra del vidente ciego Teiresias. Con la ayuda de Kirke, Odiseo llega al inframundo y entra en él solo. Tiene que cavar una fosa en el inframundo y ofrecer allí tres sacrificios: una mezcla de leche y miel, vino dulce y agua. Sobre esto, debe espolvorear harina, hacer algunos votos y sacrificar un carnero negro y una oveja negra. Odiseo había sido informado por Kirke de que Teiresias es el primero al que se le permite beber de la sangre, pero por supuesto todos los espectros descienden sobre la sangre, que Odiseo trata de mantener a raya con su espada. Ve a su madre entre las sombras, que seguía viva cuando abandonó Ítaca, pero tampoco puede dejarla beber de la sangre, hasta que Teiresias se canse. Teiresias se dirige finalmente a Odiseo y le predice que él y sus hombres llegarán sanos y salvos a Ítaca si deja solas a las vacas de Helios, el dios del sol, que pastan en la isla de Thrinakia. De vuelta a casa, tendrá que matar a los pretendientes que quieren casarse con Penélope, pero después tendrá una vejez tranquila. El vidente también le dice a Odiseo que Poseidón es la causa de su desgracia. Después de esta predicción, Odiseo pudo finalmente hacer que su madre bebiera de la sangre. Su madre se suicidó porque ya no podía soportar vivir sin él. Odiseo también se encuentra con Agamenón, uno de los otros líderes del asedio a Troya, que cuenta de qué manera tan horrible murió. Odiseo no permanece en el reino de los muertos ni un momento más después de conocer a su madre y a Agamenón.

Él y su tripulación volvieron a navegar hasta la isla de Kirke y se marcharon de allí tras una buena noche de sueño. Odiseo permaneció en la isla un total de cinco días, pero lo que él y sus hombres no saben es que cada día en el palacio es un año en el mundo real. Cuando quiere volver a salir de la playa de Aiaia, ve que su barco está cubierto de arena. Primero tienen que desenterrarlo.

Sirenas

Las sirenas son mitad diosas, mitad buitres y mitad humanas. Tientan a los marineros con sus cantos para que naveguen hacia ellos, haciendo que los barcos choquen con las rocas y se hundan, dejando a la tripulación mal parada.

Odiseo había recibido el buen consejo de Kirke de taparse los oídos y los de sus hombres, para que no tuvieran la tentación de acudir a las sirenas y cavar su propia tumba. Tapó los oídos de sus hombres con cera de abeja, pero se hizo atar al mástil para poder oír los cantos de las sirenas pero no poder navegar hacia ellas. Además, ordenó a sus hombres que si gritaba no lo desataran, sino que lo ataran aún más fuerte. Así pasaron indemnes por la isla de las sirenas.

Skylla y Charybdis

Odiseo, tras pasar las sirenas de una pieza, pasó con su barco por un estrecho, presumiblemente el estrecho de Mesina. Entraron en una cueva y se les dio a elegir: debían pasar por Caribdis, que traga y escupe agua varias veces al día, arriesgándose a perder todo el barco, o pasar por Skylla, un monstruo de seis cabezas que mataría o se llevaría a seis de sus hombres. Odiseo eligió lo segundo, prefiriendo perder a seis de sus hombres antes que a todos.

Helios

Odiseo llega a Thrinakia, la actual Sicilia, la isla donde el dios del sol Helios apacienta su ganado. Odiseo habría preferido evitar esta isla, dadas las advertencias de Teiresias y Kirke. Pero no pueden volver, y los hombres consiguen que Odiseo se quede en la isla al menos un día. Se produce un periodo de tiempo desfavorable y Odiseo se ve obligado a permanecer más tiempo en la isla. Ha hecho jurar a sus hombres que se mantendrán alejados del ganado, pero al cabo de un tiempo se acaba la comida y los hombres prefieren incurrir en la ira de los dioses antes que morir de hambre. Sacrifican algunas reses y las asan en una hoguera. Odiseo se despierta y se acerca a los hombres jurando y despotricando. Helios obliga a Zeus a castigar a los hombres, y Zeus le promete que no escaparán a su castigo.

Una vez que el viento se ha calmado, Odiseo y sus hombres pueden volver a ponerse en marcha. Incluso antes de que la isla de Helios se pierda de vista, se desata una gran tormenta y el rayo de Zeus golpea el barco de Odiseo, haciendo que se hunda. Todos los hombres se ahogan, sólo Odiseo queda vivo. Ahora tendrá que continuar su viaje de vuelta a casa solo.

Kalypso

Odysseus sólo consiguió agarrarse a un trozo de naufragio y siguió flotando. Llega a Caribdis una vez más, que drena el mar, haciendo que Odiseo pierda su balsa. Él mismo acaba de conseguir agarrarse a una rama en una isla, y se aferra a ella hasta que Caribdis vuelve a escupir el mar. Salta a la balsa y sigue adelante, sin que Skylla lo note.

Odiseo llega a la misteriosa isla de Ogigia, donde vive la diosa Kalipso con otras mujeres. Estas mujeres se ríen al ver a Odiseo, ya que nunca antes habían visto a un hombre. Odiseo es bien atendido en la isla, y

Kalipso le demuestra que le gusta. Kalipso le dice que se olvide de Penélope, y que puede hacerlo inmortal y eternamente joven, pero no puede persuadir a Odiseo de que abandone el regreso a casa y a Penélope. Sin embargo, ella le priva de todo sentido del tiempo, por lo que cree que sólo estuvo en la isla durante siete días, cuando en realidad estuvo allí durante siete años.

Atenea piensa que la estancia de Odiseo en Ogigia ha sido suficiente después de siete años y convence a Zeus para que envíe a Hermes a Kalipso, quien le ordena que deje marchar a Odiseo. Ella es reacia y dice que los dioses no pueden permitir que ella ame a un mortal, además, dice que el propio Zeus hizo que Odiseo llegara hasta aquí. Al final, Kalipso deja marchar a Odiseo y le ordena que construya un barco con el que pueda volver a casa.

Los Feacios

Cuando Odiseo tiene a la vista la isla de los Feacios, Poseidón provoca una tormenta, haciendo que Odiseo vuelva a naufragar. Piensa que ahora va a morir, pero justo en ese momento aparece la ninfa Ino (alias Leukothea), que le dice que llegará a la isla sano y salvo si hace lo que ella le dice. Le indica que se ate el pañuelo, que elimina el miedo a la perdición y a la muerte, alrededor del pecho y que se tire desnudo al agua. Odiseo no confía del todo en ella, pero no tiene otra opción. Salvo el pañuelo, salta al agua desnudo y nada hasta la orilla. A pesar de la ayuda de Palas Atenea, pasan otros dos días antes de que Odiseo llegue a la orilla. Allí se quita el pañuelo de la cabeza y, como le había indicado Ino, lo tira al mar con la cara desencajada. Luego se va a descansar completamente desnudo en los arbustos.

Atenea, disfrazada de una amiga cercana, se le aparece a la princesa Faiaak Nausikaä en un sueño. Le dice a Nausikaä que vaya a la playa a lavar su ropa; también le señala que Nausikaä puede casarse pronto. Al día siguiente, Nausikaä va con sus sirvientes a lavar la ropa a la playa. Odiseo se despierta con los sonidos de Nausikaä y sus sirvientes y, cubierto con algunas hojas y una ramita en la mano, sale de los arbustos. Todos los sirvientes huyen, sólo Nausikaä permanece en pie. No teme al hombre desconocido desnudo. Odiseo le pregunta si tiene un paño para envolverlo y si conoce el camino a la ciudad. Nausikaä ordena a sus sirvientes que laven a Odiseo, pero éste prefiere hacerlo él mismo. Cuando se lava, Nausikaä le explica cómo llegar a la ciudad y cómo actuar para ser recibido hospitalariamente.

Actúa como se le dice y va al palacio. La diosa Atenea lo hace invisible y camina directamente hacia la reina Arete. Cuando se deja caer y se abraza a sus rodillas, su invisibilidad desaparece, sobresaltando a la reina. Odiseo le ruega a Arete que le deje volver a casa, y los feacios le dan la mejor comida y cosas porque creen que Odiseo es un dios. Sin embargo, Odiseo les dice que es una persona común y corriente, y no un dios. El rey Alkinoös le promete un barco para volver a casa.

Se celebra un banquete para Odiseo y éste pregunta a un cantante si puede cantar sobre la guerra de Troya. Esta canción conmueve mucho a Odiseo, que empieza a llorar. Alkinoös le pide que revele su nombre, ya que ahora siente mucha curiosidad. Odiseo responde ahora que él es Odiseo, el hombre que inventó el caballo de Troya. Alkinoös le pregunta si puede contar sus aventuras de camino a casa, y Odiseo sigue narrando hasta bien entrada la noche.

Los feacios acaban llevando a Odiseo y a su barco el tramo final hasta Ítaca, pero según algunas lecturas son castigados severamente por Poseidón por ello: su barco o su isla entera se hundieron en el mar.

Regreso a Ítaca

Durante los veinte años de ausencia de Odiseo, Penélope recibe en su casa cada vez más pretendientes que quieren casarse con ella. Sin embargo, Penélope sigue amando a Odiseo y no quiere volver a casarse. Le aseguran que Odiseo ha muerto y le dicen que no puede seguir viviendo así. Penélope les dice que se casará con alguien en cuanto haya tejido un sudario para Laërtes, el viejo padre de Odiseo. Comienza a trabajar en este sudario, pero pronto llega a la conclusión de que lo terminará en poco tiempo. Por lo tanto, teje durante el día, pero saca la mortaja por la noche.

Odiseo se despierta en una isla que le resulta extraña, envuelta en la niebla. Se encuentra con Atenea, que le dice que realmente está en Ítaca y para demostrarlo, quita la niebla. Odiseo reconoce ahora la isla y Atenea le dice que no puede ir a ver a Penélope de inmediato, a causa de los pretendientes. Ella dice que si él va a Penélope ahora, moriría como Agamenón. Para protegerlo de ello, Atenea lo convierte en mendigo y lo envía a Eumaios, el porquero. Atenea también le dice que partirá hacia Esparta, para enviar a su hijo Telemachos de vuelta a casa. Esto se debe a que se ha propuesto hacer averiguaciones sobre su padre.

Con el tiempo, Eumaios descubre que el mendigo es en realidad su amo y le advierte que no vuelva a su palacio, al menos hasta que Telemachos haya regresado. Cuando Telemachos regresa a Ítaca, Atenea devuelve a Odiseo su verdadera forma. Al principio, Telemachos no reconoce a su padre, pero Odiseo le convence de que lo es. Odiseo le pide a su hijo que le ayude a derrotar a los pretendientes, a lo que Telemachos accede naturalmente.

Odiseo vuelve a ser transformado en mendigo por Atenea y se dirige a su palacio. Mientras tanto, los pretendientes se han vuelto muy inquietos y quieren que Penélope haga una elección ya. Se inventa una treta para no tener que casarse con nadie. En la pared aún cuelga el arco de Odiseo, que sólo él puede encordar. Organiza un concurso y el que sea capaz de tensar el arco y utilizarlo para disparar una flecha a través de los ojos de 12 hachas fijadas en la parte superior de una sola vez se convierte en el nuevo marido. Todos los pretendientes intentan tensar el arco, pero ninguno lo consigue. Odiseo, mientras tanto, ha caminado hacia el palacio. Odiseo, todavía hechizado, le pregunta si puede probarlo. Los pretendientes gritan que un mendigo no puede tensar un arco, pero Penélope dice que el mendigo también puede intentarlo. Odiseo tensa el arco y dispara con él a los 12 ojos, por lo que todos los pretendientes quedan aturdidos. Odiseo se transforma de nuevo en su forma normal, lo que hace que los pretendientes lo reconozcan y se asusten. Intentan matar a Odiseo, y éste mata a uno de ellos. Los pretendientes están indignados y piensan que no han hecho nada malo. Sin embargo, lo han hecho; han vivido del dinero de Odiseo durante años y han insultado a su esposa. Después de esto, Odiseo dispara a más de ellos y comienza una verdadera batalla. Recibe la ayuda de Telemachos y juntos los matan a todos. Después de esta truculenta batalla, Odiseo ordena a su vieja nodriza, Euriclea, que busque a todos los siervos infieles. Esto lo hace con mucho gusto. Las chicas, aterrorizadas, se ven obligadas a arrastrar los cadáveres de los pretendientes y a limpiar el gran salón. Telemachos tiende una robusta cuerda entre el techo y la pared del patio, en la que cuelga a los siervos infieles uno por uno.

Odiseo va en busca de Penélope después de la limpieza y se reúne con ella. Prometen estar juntos para siempre.

Siguiendo la figura de Odiseo

No sólo los romanos utilizaron la figura de Odiseo, con "su" Ulixes, para inspirar historias o hacer que las protagonizara. Incluso hoy en día, aparece regularmente en libros e historias.

En *el Infierno de* Dantés, Odiseo arde en el infierno entre malos consejeros, al igual que Diomedes. Les cuenta a Dante y a Virgilio que, después de todas sus andanzas, hizo un último viaje, a la montaña de la purificación, al otro lado de la tierra, donde Dios hundió su nave. Odiseo también desempeña un papel en la obra de Shakespeare Troilo *y Crésida* y el *Ulises* de James Joyce lleva su nombre. También aparece, por ejemplo, en el libro infantil *De vloek van Polyfemos*, escrito por Evert Hartman.

Bellas artes

Odiseo aparece regularmente en el arte antiguo y contemporáneo. Los griegos ya lo pintaron con frecuencia en jarrones y platos, pero los pintores del siglo XV y XVI también lo pintaron en lienzos.

Música

Claudio Monteverdi escribió en 1641 la ópera *Il Ritorno d'Ulisse in Patria*, sobre el regreso de Odiseo a Ítaca, a la que siguieron al menos tres "adaptaciones" en el siglo XX, una de John Harbison (*Odiseo*) y otra de Nicholas Maw (*Odiseo*). Alan Hovhaness dedicó su 25ª sinfonía al amor entre Odiseo y Penélope.

Película

La historia de Odiseo y sus aventuras ha sido filmada muchas veces, incluso en la miniserie La Odisea. Una interpretación muy libre es la de la película de 2000 O Brother, Where Art Thou?

La construcción de Odisea

El término "construcción odiseica" se utiliza a veces en los círculos gubernamentales, refiriéndose al encuentro de Odiseo con las sirenas. Los años 2002-2004 se caracterizaron por un crecimiento relativamente bajo o incluso un descenso de los ingresos fiscales, así como por el aumento de los tipos impositivos marginales. En el año 2005, cuando los ingresos fiscales (especialmente sobre la renta y el patrimonio) se dispararon repentinamente, el déficit de financiación del gobierno se redujo. Para el votante y el representante electo del pueblo, esto indica que las finanzas públicas están en orden y que, por lo tanto, hay un superávit, cuyo uso ha sido liberado. La llamada del votante se ha comparado con la atracción de las sirenas que, con su limpio canto, consiguieron seducir a muchos barqueros y zarpar hacia los acantilados. Para Odiseo, la solución fue tan sencilla como eficaz: hizo que sus tripulantes lo ataran al mástil para que pudiera resistir por la fuerza la tentación.

Orpheus

Un legendario músico y poeta que intentó recuperar a su esposa muerta del inframundo

Orfeo (griego antiguo: Ὀρφεύς) es un músico, poeta y profeta de la mitología griega. Según la tradición, vivió en Tracia. La tradición dice que podía hacer bailar a los árboles y a los animales con su música. Era famoso con la lira, y se dice que le enseñó el propio Apolo.

Es conocido por el mito de Orfeo y Eurídice, al que han puesto música muchos escritores y compositores. La historia cuenta cómo Orfeo, tras la muerte de su esposa Eurídice, desciende a los infiernos y negocia con Hades, dios del inframundo, para devolver a su esposa al reino de los vivos. Su canto encanta a Hades, y obtiene permiso para llevar a Eurídice con él, con la condición de no mirar atrás ni una sola vez en su viaje hacia arriba. Por supuesto, justo antes de salir del inframundo, está tan preocupado por su esposa que mira hacia atrás de todos modos, condenándola así al inframundo después de todo.

En la antigüedad, esta figura semimítica se consideraba un personaje histórico, al que se atribuían algunos poemas y proposiciones filosóficas. Su nombre se asocia al movimiento religioso-sabio del orfismo. Algunos incluso lo contaron entre los Siete Reyes Magos.

Se dice que Orfeo fue asesinado por ninfas.

Perseus

El hijo de Zeus, rey fundador de Micenas, y asesino de la Gorgona Medusa

Perseo (griego antiguo: Περσεύς) es un personaje de la mitología griega. Era un héroe, hijo de Zeus y Danaë. Más conocido por sus acciones contra el Gorgo Medusa.

Un oráculo le dijo a Akrisios, rey de la ciudad-estado griega de Argos, que un día sería asesinado por su nieto. Como precaución, hizo encerrar a su única hija Danaë en una cámara de bronce hasta que fuera demasiado mayor para tener hijos. Lo que Akrisios no sabía era que el dios principal Zeus tenía otros planes para Argos. Zeus era conocido por tener relaciones extramatrimoniales con mujeres mortales. Pero nunca se le permitió mostrarse a un mortal porque entonces éste sería alcanzado por un rayo. Por esta razón, pero también para entrar en la cámara de bronce, se convirtió en una lluvia de polvo dorado; entró por la ventana enrejada y dejó embarazada a Danaë.

Danaë tuvo un hijo, Perseo. Akrisios hizo que la encerraran a ella y a su hijo en un ataúd de madera vacío, que luego fue arrojado al mar. Llegaron a la isla de Seriphos, donde Diktys, un amable pescador, los acogió y cuidó.

Perseo y Medusa

El lascivo hermano de Diktys, Polidektes, rey de Serifos, quería a Danaë como esposa, pero Perseo defendió el honor de su reticente madre. Furioso por el rechazo, Polidektes exigió caballos a todos los habitantes, como regalo para la siguiente pretendiente, Hipodamea, hija del rey Oinomaos de Pisa. Perseo no tenía caballos, pero dijo que conseguiría cualquier cosa para el rey, aunque fuera la cabeza del Gorgo Medusa. Polidectes sabía que nadie había regresado de las Gorgonas y envió a Perseo en su camino.

Zeus le pidió a Atenea que ayudara a su hijo. Señaló a Perseo una cueva en Libia donde vivían tres ancianas, las Graeas. Sabían dónde estaban las ninfas que podían dar a Perseo armas especiales contra las Gorgonas. Las Graeas eran hermanas de las Gorgonas y se negaron a ayudar. Juntos tenían un ojo y un diente. Cuando una de ellas le pasó el ojo a otra para que observara a la desconocida, Perseo le arrebató el ojo y amenazó con no devolvérselo hasta que le dijeran dónde vivían las ninfas. Le dijeron que las ninfas vivían junto a la Estigia en el inframundo. Entonces Perseo le devolvió el ojo. Acudió a las ninfas, que le dieron armas y otros objetos. Se le dio una bolsa para la cabeza de Medusa y el casco de Hades que se volvió invisible. Hermes, el mensajero de los dioses, le dio una hoz y le prestó sus sandalias aladas para que huyera rápidamente de sus dos hermanas, Stheino y Euryale (que tenían alas de oro y manos de bronce). Hermes también le ayudó a pulir el escudo para que éste se reflejara, de modo que Perseo pudiera ver a las Gorgonas en imagen de espejo a través de su escudo y no se quedara petrificado como todos los demás cuando las mirara. Hay fuentes que dicen que Perseo obtuvo el escudo de espejo de Atenea.

Perseo notó que se acercaba a las Gorgonas, ya que cada vez había más gente petrificada a lo largo del camino. Invisible a través de su casco mágico y mirando a través de su escudo, Perseo se dirigió hacia Medusa. Era horrible, con serpientes en lugar de pelo y una lengua roja entre dos grandes colmillos. La decapitó con un golpe de hoz, metió la cabeza en la bolsa y se fue volando. Incapaces de seguir su ritmo, Stheino y Euryale regresaron y lloraron a su hermana.

En el camino de vuelta, Perseo pasó la noche en el país de las Hespérides, hijas de Atlas. Su jardín de manzanas doradas (un regalo de bodas de Gea a Zeus y Hera), estaba estrictamente vigilado por Atlas, a quien le habían dicho que un hijo de Zeus quería robar las manzanas. Intentó matar a Perseo, pero éste agarró la cabeza de Medusa y lo petrificó (el actual Atlas).

Perseo y Andrómeda

Perseo volaba a lo largo de la costa de Etiopía cuando, muy por debajo
de él, vio a una joven encadenada a un árbol en un acantilado junto al
mar. Al acercarse, vio dos figuras tristes en los acantilados, sus padres, el
rey Cefeo y la reina Casiopea. Le contaron lo que había pasado.

Casiopea había afirmado con altanería que era más bella que las
Nereidas, las hijas de Nereo, el Viejo del Mar y antepasado de Poseidón.
Como castigo a esta arrogancia (hybris), Poseidón hizo que las regiones
costeras de Etiopía fueran asoladas por un monstruo marino llamado
Cetus. Un oráculo le había dicho a Cefeo que podía hacer que el
monstruo marino se fuera sacrificando a su hija Andrómeda.

Perseo propuso a la pareja real salvar a Andrómeda a cambio de su
mano. En ese momento, surgió el monstruo marino y Cefeo accedió
rápidamente. Perseo mató al monstruo con su hoz y despojó a
Andrómeda de sus cadenas. Esa noche, Cefeo anunció el matrimonio
entre Andrómeda y el héroe griego, olvidando que ya la había prometido a
su hermano Fineo. Se desencadenó una batalla y cuando Perseo se dio
cuenta de que sus tropas superaban ampliamente en número a las de
Fineo, volvió a agarrar la cabeza de Medusa, petrificándolas.

Perseo navegó con Andrómeda hasta la isla de Seriphos. Al llegar,
descubrió que Polidektes seguía persiguiendo a su madre. Llevó a Dánae
y Andrómeda a Dictys y se dirigió al palacio real. Allí les dijo que había
regresado con el regalo para Hippodameia. Petrificó a todos los presentes
mostrando de nuevo la cabeza de Medusa. Perseo entregó el sombrero,
la hoz y las sandalias al mensajero Hermes, que se lo llevó todo a las
ninfas de África. Perseo entregó la cabeza de Medusa a Atenea, que fijó
la terrorífica cabeza a su escudo (égida). Perseo decidió volver a Argos
para exigir a Akrisios su parte de la herencia.

Perseo y Akrisios

A pesar del perdón de Perseo, Akrisios, pensando en la profecía, huyó a
su amigo el rey Teutamides de Larisa. Al oír esto, Perseo dejó a
Andrómeda y a Dánae en Argos y partió para hacerse amigo de su
abuelo. En ese momento, el rey Teutamides celebraba unos juegos en
honor a su padre que cumplía años. Perseo no vio a Akrisios y decidió
esperar hasta el banquete de esa noche. Mientras tanto, participaba en
los juegos, introduciendo el lanzamiento de disco. Cogió un disco de
metal y lo lanzó lo más lejos posible. De repente, el disco cedió debido a
los fuertes vientos. Por un cruel giro del destino, el disco voló hacia la
multitud, matando a Akrisios. La profecía se había hecho realidad.

Perseo volvió con su madre y su esposa a Argos, pero se dio cuenta de que los dioses no le permitirían gobernar la ciudad del hombre que había matado. Cambió Argos por la cercana Tirinto, que gobernó durante años. Fundó varias ciudades en la cordillera de los Argólidos, entre ellas la famosa ciudad de Micenas. Andrómeda le dio muchos hijos y su nieto Euristeo fue el último de la dinastía de Perseo de Argos.

Teseo

El rey de Atenas y matador del Minotauro

Teseo creció en Troizen, en la costa oriental del Peloponeso. Su madre, Aethra, no sabía quién era su padre. Se había acostado con Poseidón, el dios del mar, y con Aigeus, el rey de Atenas, nueve meses antes. Este último le dijo a Aethra que si tenía un hijo, debía criarlo bien para que se convirtiera en un hombre fuerte. Aigeus debía poner su espada y sus sandalias debajo de una piedra, y cuando Teseo fuera lo suficientemente fuerte como para levantar la piedra, debía llegar a Atenas.

Cuando Teseo cumplió dieciocho años, pudo levantar la piedra y se fue a Atenas. En su camino, se encontró con todo tipo de ladrones. El primer villano se llamaba Skiron. Vivía cerca del mar. Obligó a los viajeros a sentarse en el borde de una roca y a lavarse los pies. Entonces los echó y las víctimas fueron devoradas por la tortuga gigante que vivía bajo la roca. El segundo villano se llamaba Procrustes. Ofreció a los viajeros pasar la noche, concretamente en su propia cama. Si el huésped era más alto que la cama, Procrustes cortaba la parte que sobresalía. Si el huésped era más bajo que la cama, se le estiraba. El último se llamaba Sinis. Este dobló dos pinos gigantes con su impresionante fuerza y ató a un viajero que pasaba por allí. Entonces soltó los árboles y la víctima fue despedazada. Teseo hizo que los villanos sufrieran el mismo destino que sus víctimas: Sinis fue despedazado, Skiron comido por la tortuga y Procrustes estirado hasta morir.

Mientras tanto, Aigeus se había casado con Medea, una vidente, y había dado a luz a un hijo llamado Medos. Cuando Medea vio a Teseo, supo que si no hacía algo pronto, Teseo se convertiría en el heredero del trono en lugar de su hijo Medos. Decidió hacerle una prueba: Teseo tuvo que matar al toro de Maratón. Sin embargo, Teseo tuvo éxito y, cuando regresó, Medea decidió matarlo en el banquete haciéndole beber veneno. Antes de que Teseo bebiera, primero cortó la carne con la espada de su padre. Cuando Aigeus vio esto, le cayó el veinte. Le quitó la copa de la mano a Teseo, que estaba a punto de beber.

Sin embargo, Aigeus tenía un problema más. El rey Minos de Creta amenazó con la guerra a Atenas. Esto sólo podía evitarse mientras Atenas tuviera catorce jóvenes, siete chicos y siete chicas, que navegaran cada nueve años como alimento para el Minotauro. Teseo fue uno de los 14 que hicieron el viaje. Su objetivo era matar al Minotauro y salvar la vida de los demás jóvenes atenienses. En Creta, se enamoró de Ariadna, la hija del rey Minos. Ariadna quiso ayudarle y le dio el *hilo de Ariadna* y una espada. Teseo mató al Minotauro y pudo escapar del laberinto.

Teseo subió a Ariadna a la barca y, junto con los demás niños y niñas atenienses, navegaron hacia Atenas. Se detuvieron en la isla de Naxos y allí bailaron una danza. Al séptimo día, Teseo prometió a Ariadna todo lo que un hombre y una mujer casados se prometen. Al día siguiente, Teseo partió temprano, dejando atrás a Ariadna. Ariadna fue tomada más tarde por Dionisio. Esta es la versión más común de la historia, contada por escritores como Ovidio y Catulo. Otra versión, por ejemplo en la *Bibliotheca*, afirma que Dionisio había reclamado a Ariadna para sí después de llegar a Naxos y Teseo tuvo que renunciar a ella.

Teseo aún escuchó la llamada de Ariadna y fue maldecido. Como resultado, se olvidó de izar la vela blanca. De hecho, Teseo había acordado con su padre antes de su viaje que, si sobrevivía, volvería con una vela blanca. Ahora navegaba con una vela negra. Cuando Aigeus vio el barco con la vela negra, pensó que Teseo había muerto. Se dejó caer al mar, tras lo cual murió. Teseo se convirtió en rey de Atenas como resultado. El mar en el que cayó Aigeus se llama desde entonces Mar Egeo.

Además, según una versión poco difundida de la historia, concretamente en la *Bibliotheca*, Teseo participó en el viaje de los argonautas. También se dice que participó en la cacería de Calydonian. Además, ayudó a Heracles en el viaje para hacerse con el cinturón de las Amazonas, según Filocoro y otros escritores citados por Plutarco.

Más tarde, volvió con las Amazonas y engañó a su reina Antíope. Era la hermana de Hipólita, que había sido asesinada por Heracles. Antíope dio a luz a Teseo un hijo al que llamó como su difunta hermana Hipólito.

También ayudó a su buen amigo Pirithoüs contra un centauro y jugó al ajedrez con él Helena. Cuando también quisieron jugar al ajedrez con Perséfone, Hades se enfadó y, mediante un ardid, les hizo sentarse en el "Asiento del Olvido", que penetró en sus cuerpos y les impidió levantarse.

Heracles rescató a Teseo, pero Licomedes ya se había asegurado de que se convirtiera en rey. Teseo fue entonces a la isla de Skyros. El rey le recibió amablemente y le invitó a dar un paseo. Durante ese paseo, empujó a Teseo desde una roca al mar. Teseo se ahogó en el mar de Poseidón. En cualquier caso, si Poseidón fuera su padre, no lo habría salvado.

Mujeres notables

Arachne

Una hábil tejedora, transformada por Atenea en araña por su blasfemia

Aracne (griego antiguo: ἀράχνη - 'araña') es una figura de la mitología griega y romana.

La historia se cuenta en *las Metamorfosis* de Ovidio, entre otras: Aracne sabía hilar y tejer extraordinariamente bien. Sus obras eran de una belleza fabulosa y todo el mundo admiraba sus obras. Al parecer, había sido enseñada por la diosa Atenea (romana: Minerva), pero la propia Aracne lo negó. Atenea se disfrazó entonces de anciana y aconsejó a Aracne que pidiera perdón a Atenea por sus orgullosas palabras. Sin embargo, Aracne se negó a ello. Atenea se enfureció por la arrogancia de la muchacha y la retó, ahora con su propia apariencia, a competir contra ella en un concurso de tejido. Aracne hizo un tejido de gran belleza, que despertó una gran ira en Atenea. La diosa entonces hizo trizas el trabajo de Aracne. Además, golpeó a Aracne en la cabeza varias veces. Esto escandalizó tanto a Aracne que se ahorcó para escapar del castigo. Pero Atenea, por piedad, la revivió y la convirtió en la araña, que siempre colgaba de un hilo, pero que siempre tejía con arte.

Con este mito, la mitología griega explica el origen de la tela de araña.

Cassandra

Una princesa de Troya, que fue maldecida para ver el futuro pero nunca para ser creída

Casandra o **Casandra** (en griego: Κασσάνδρα; "la que enreda/confunde a los hombres/gente") fue una de las hijas de Príamo, rey de Troya, y de la reina Hécuba. Casandra era tan hermosa que el dios Apolo quería compartir el lecho con ella. Cassandra aceptó, pero a cambio quería el don de poder predecir el futuro. Sin embargo, una vez que Apolo le concedió su deseo, Casandra se negó a cumplir su promesa.

Apolo estaba furioso y quería castigarla. Pero los dioses no podían deshacer un regalo concedido. Apolo le pidió un último beso, escupiendo una maldición en su boca en el proceso, para que nadie la creyera cuando hiciera una predicción.

De hecho, Casandra predijo varias veces la caída de Troya y nadie le creyó. Junto con Laocoonte, advirtió, también en vano, que no debía traer el caballo de Troya.

En la toma de Troya, se refugió en una estatua de Palas Atenea, pero Áyax el Menor la arrancó cruelmente de ella. Casandra fue entonces llevada a Micenas por Agamenón como botín de guerra. Ella le advirtió de su inminente muerte, pero no fue creída. Fue asesinado en el baño por su esposa Clytaimnestra a golpes de hacha y poco después Casandra fue decapitada con la misma hacha.

En la actualidad, el término *predicción de casandra se refiere a* una predicción de fatalidad que resulta ser correcta a posteriori; más concretamente, al fenómeno de que las predicciones de fatalidad inevitable no suelen ser creídas, lo que coloca al predictor en la impotente situación de saber que una catástrofe está a punto de ocurrir, pero sin poder convencer a los demás de que hagan lo necesario para limitar los daños.

Helen

Hija de Zeus y Leda, cuyo rapto provocó la Guerra de Troya

Helena (griego antiguo: Ἑλένη, *Helenè*) es un personaje de la mitología griega. Es hija del dios principal Zeus y de Leda. Helena era la mujer más bella de Grecia. Se dice que Zeus sedujo a Leda bajo la apariencia de un cisne y que de los huevos puestos por Leda nacieron Helena y Polydeukes (Pólux). Esta historia perdura en la expresión latina *ab ovo*. Se dice que Zeus lo hizo porque pensaba que el mundo estaba superpoblado y quería hacer algo al respecto a través de Helena. La misma noche en que Helena y Polideuques fueron concebidos, el marido de Leda, el rey Tyndareos, también engendró dos hijos con ella: Clytaimnestra y Kastor.

Cuando llegó el momento de que Helena se casara, muchos reyes y príncipes acudieron a pedir su mano o enviaron emisarios para que lo hicieran en su lugar. Entre ellos estaban Odiseo, Menesteo, Aias el Grande, Patroclo e Idomeneo, pero el favorito era Menelao, que no acudió en persona, sino que fue representado por su hermano Agamenón. Todos trajeron magníficos y costosos regalos, excepto Odiseo.

Helena fue obligada a casarse con Menelao, que siempre siguió y apoyó a su hermano Agamenón en todo. Con Menelao tuvo una hija, Hermione.

De Helena a Troya

Cuenta el mito que unos años más tarde Paris, un príncipe troyano, llegó a Esparta para traer a la chica más bella del mundo. Esta era Helena. Afrodita se lo había prometido, si a cambio la elegía como la diosa más bella en el juicio de Paris, incurriendo así en la ira de Atenea y Hera.

Cuando Paris visitó a Helena y a Menelao, estos lo recibieron con mucho cariño y, con la ayuda de Afrodita, Helena se enamoró de Paris y dejó a su marido, para estar con su nuevo amante.

Cuando Menelao descubrió que su esposa había desaparecido, pidió consejo a su hermano Agamenón. Agamenón, que llevaba años queriendo luchar contra Troya, le dijo a su hermano que declarara la guerra. Menelao convocó a todos los reyes y héroes de Grecia para iniciar la guerra de Troya. Los griegos lanzaron "mil barcos" para recuperar a Helena de Troya. En el Doctor Fausto de Christopher Marlowe, Mefistófeles hace aparecer a Helena a cambio del alma de Fausto. Cuando Fausto contempla su belleza, exclama: "¿Fue esta la cara que lanzó mil barcos?"

Tras diez años de guerra, cuando por fin -mediante el ardid del caballo de madera- entró en Troya, Menelao quiso matar a Helena. Pero cuando Helena vio a Menelaüs, el hechizo se rompió y volvió a enamorarse de él. Menelaüs, que no pudo conseguir matar a su corazón, la llevó de vuelta a Esparta y envejeció con ella.

Helena a Egipto

Según otra tradición (Stesichoros y otros), no es la propia Helena, sino una sombra parecida a ella la que es secuestrada por Paris. La verdadera Helena es secuestrada en Esparta por Hermes y llevada a Egipto. Esto habría hecho que la guerra de Troya (librada por un fantasma) fuera completamente inútil. Todo esto es la cruel voluntad de Hera, que intenta frustrar a Afrodita (porque esta última fue elegida la más bella de las diosas por Paris). Tras la caída de Troya, a Menelao no se le permite volver a casa: vaga por los mares durante siete años con su tripulación y la pretendida Helena. Finalmente, naufragan y quedan varados en la costa egipcia. Cuando Menelao llega al palacio del gobernante local (que tiene cautiva a Helena para casarse con ella), conoce a su verdadera esposa. Esto provoca cierta confusión. Cuando la falsa Helena se esfuma de repente, Menelaüs se da cuenta de que su esposa ha permanecido en Egipto todo este tiempo y que, por tanto, *no era una* adúltera. Juntos idean una treta para escapar del rey egipcio Proteo y regresar a su propia Esparta. Esta versión es la base de la tragedia *Helena de* Eurípides. Esta historia de una "Helena virtuosa" fue creada deliberadamente porque la imagen de una Helena adúltera (como la retrata Homero) era una monstruosidad para los adoradores de Helena en Esparta y Argos.

Medea

Una hechicera y esposa de Jasón, que mató a sus propios hijos para castigar a Jasón por su infidelidad

El poeta romano Ovidio, en sus Metamorfosis, llevó la historia de Medea más allá. Tras huir de Corinto, Medea se convierte en la esposa de Egeo. Más tarde la expulsa tras su intento fallido de envenenar a su hijo, Teseo.

En la mitología griega, **Medea** (en latín) o **Medeia** (en griego antiguo: Μήδεια) era una hechicera de Cólquida que ayudó a Jasón a conquistar el vellocino de oro. La llevó a Grecia, pero la abandonó por la hija del rey de Corinto, tras lo cual Medea se vengó espantosamente matando a sus dos hijos, así como al rey de Corinto y a su hija.

Pedigrí

Medea era la hija de la oceánide Eidyia y de Aietes, el rey de Cólquida. A través de su padre, era nieta de Helios y sobrina de la hechicera Circe. Como ella, Medea poseía grandes poderes mágicos.

Medea y Jasón

Colchis era el hogar del Vellocino de Oro. Jasón y los argonautas llegaron con su barco, el Argo, desde Iolco para recuperar el vellocino de oro por orden del rey Pelias. Sin embargo, Aietes, el rey de Cólquida, no tenía intención de renunciar a ella. Pero su hija Medea se enamoró de Jasón y decidió ayudarle a conseguirlo de todos modos. A cambio, le prometió hacerla su esposa y llevarla con él a Grecia. Gracias a la magia de Medea, Jasón logró completar las tareas imposibles que Pelias le había encomendado y también consiguió derrotar al dragón que custodiaba el Vellocino de Oro y conseguir el vellocino.

Con el vellocino de oro y Medea, Jasón y los argonautas zarpan de nuevo hacia Grecia. Según algunas fuentes, Medea había asesinado a su hermanastro Absirto, lo había cortado en pedazos y lo había arrojado al mar, para despistar a los perseguidores que quisieran recuperar el cadáver.

Según Apolonio Rodio, que en su *Argonáutica* describe con detalle el viaje de ida y vuelta de los argonautas, se casaron en el palacio de Alcinoüs, rey de los feacios. Alcinoüs, amenazado por los perseguidores de Cólquida, había accedido a entregar a Medea si no resultaba que estaba casada con Jasón. La esposa de Alcinoüs, Arete, había transmitido este mensaje a Jasón y Medea, que se casaron apresuradamente. Alcinoüs resistió entonces a las tropas de Aietes, y Jasón y Medea llegaron a Iolco después de algunas aventuras.

Jasón había emprendido el viaje de los argonautas para conseguir el trono de Iolco, pero cuando regresó con el vellocino de oro, Pelias se negó a renunciar al trono. Medea se vengó de él. Mató un carnero viejo, lo cortó en trozos, lo echó en un caldero de agua hirviendo y le añadió todo tipo de hierbas mágicas. Al cabo de un tiempo, un cordero joven saltó del caldero. Las hijas de Pelias, que fueron testigos de este milagro, pidieron a Medea que rejuveneciera también a su padre. Ella aceptó, y ante su insistencia, las hijas mataron a su padre y lo arrojaron al caldero. Pero Medea permitió que Pelias siguiera muerto.

Según algunas fuentes, Medea habría aplicado previamente una cura de rejuvenecimiento al padre de Jasón, Aesón: Ovidio describió en sus *Metamorfosis* (7, 159-293) cómo Medea procedió y sustituyó la sangre de Aesón por un jugo mágico que le hizo rejuvenecer 40 años.

Jasón huyó con Medea a Corinto. Allí tuvieron dos hijos, los gemelos Mermeros y Pheres (a veces también llamados Thessalos y Alkimenes), y, según algunas fuentes, un tercero llamado Tissandros. Sin embargo, después de diez años, Jasón se enamoró de Creüsa (o Glauce), la hija del rey de Corinto. Al casarse con ella, podría convertirse más tarde en rey de Corinto. Cuando el rey aceptó el matrimonio, Jasón trató de persuadir a Medea para que renunciara voluntariamente a continuar con su matrimonio. Afirmó que quería casarse con la hija del rey de Corinto para dar un buen futuro a sus hijos. Aunque Medea se sintió profundamente ofendida, Jasón siguió adelante con sus planes de boda. Medea fingió consentir la boda e hizo que la futura esposa de Jasón le entregara un vestido de novia impregnado de una sustancia mortal. Cuando Creüsa se puso la túnica, el veneno ardió en su cuerpo, liberando carne y piel de sus huesos. Su padre Creonte, que acudió en su ayuda, también fue consumido por el fuego. Entonces Medea mató a sus propios hijos con una espada. Con un carro de dragón que le envió su abuelo Helios, Medea huyó. El episodio de la venganza de Medea contra Jasón constituye la sustancia de la famosa tragedia *Medea de* Eurípides.

Sin embargo, también hubo una versión del dramaturgo ateniense Karkinos, en la que Medea no mató a sus hijos, sino que los ocultó de la venganza de Jasón. Esta versión es mencionada por Aristóteles, contemporáneo de Karkinos, y en 2004 se encontró en un fragmento de papiro en el Louvre.

Medea y Egeo

Tras su huida de Corinto, Medea se dirigió al rey Egeo en Atenas. Había conseguido ganarse su confianza prometiendo devolverle la fuerza de su juventud. Se casó con él y tuvieron un hijo, Medus. Para proteger los intereses de Medo, emprendió un intento de matar a Teseo, hijo de Egeo de una relación anterior, con veneno. Cuando esto salió a la luz, Medea fue expulsada del país con su hijo. Según algunas fuentes, huyó a su ciudad natal, Colchis. Allí, su padre Aietes había sido destronado por su hermano Perses. Medea mató a Perses y ayudó a su padre a recuperar el poder. Tras su muerte, fue adorada como una deidad por los colquenses.

Medusa

Una mujer mortal transformada en una horrible gorgona por Atenea

Medousa (griego antiguo: Μέδουσα) o **Medusa** (latinizada) es una monstruosa figura ctónica de la mitología griega. Medusa es la hija de Forco y Ceto y es la más famosa de las tres Gorgonas.

Medusa tuvo una vez una belleza especial. Sin embargo, para su disgusto, vivía en una tierra en la que nunca brillaba el sol. Medusa le rogó a Atenea que la dejara partir hacia regiones soleadas. Atenea no lo permitió porque temía que la gente no la alabara a ella, sino a Medusa por su belleza.

En otra versión del mito, se dice que Medusa provocó la ira de Atenea porque Poseidón la había violado en el templo de Atenea. La enfurecida Atenea se vengó convirtiendo la hermosa cabellera de Medusa en un montón de serpientes retorcidas. Además, cualquiera que mirara a Medusa a los ojos se convertiría instantáneamente en piedra. Desde entonces, su trabajo consistía en petrificar al mayor número de personas posible. Sus hermanas le rogaron a Atenea que la cambiara. Dijeron: "¡Volvamos a ser como ella!", y así sucedió, pues Palas Atenea también los convirtió en Gorgonas, y luego les dio vida eterna.

Finalmente fue asesinada y decapitada por el héroe Perseo, que contó con la ayuda de Atenea, entre otros. De su sangre (como resultado de un amor anterior con Poseidón) nacieron el caballo alado Pegaso y el gigante Crisaor. Con la cabeza, Perseo petrificó a un monstruo marino y a todo un ejército, y el rey le ordenó matar a Medusa. Finalmente, su cabeza fue entregada por Perseo a Atenea, que la colocó en su escudo para petrificar a los enemigos.

Pandora

La primera mujer de la Tierra

En la mitología griega, **Pandora** (griego antiguo: Πανδώρα) (su nombre puede significar tanto *portadora de todos los dones* como *dadora de todos los regalos* o *dotada*) es el nombre de la primera mujer, formada por Hefistos a partir de agua y tierra. Fue enviada por Zeus a los mortales como castigo para traer la calamidad sobre ellos después de que Prometeo robara el fuego del cielo, con el objetivo de liberar a los humanos de su infeliz condición.

Mito

Prometeo y su hermano Epimeteo habían recibido el encargo de *Zeus* de crear al hombre. Por lo tanto, hicieron al hombre, pero como el hombre era tan infeliz, Prometeo robó una antorcha encendida del Olimpo y dio a la humanidad el fuego. Zeus pensó que esta traición era tan mala que quería castigar a la humanidad. Para no ofender a Prometeo y Epimeteo, no lo hizo directamente. Ordenó a Hefesto que formara de agua y tierra una mujer llamada Pandora. Entonces todos los dioses le otorgaron buenos regalos. Atenea le dio inteligencia, talento y modales. La vistió con la ropa más bonita y colorida. Afrodita le dio la gracia y la belleza de una diosa. Los otros dioses le dieron oro y le pusieron flores en el pelo. El último dios, Hermes, le dio un discurso y sembró en su ser pensamientos desvergonzados y una naturaleza engañosa. Esto le dio un rasgo que ningún otro mortal tenía: la curiosidad.

Zeus se la dio a Prometeo, pero éste sabía que un regalo de los dioses no es sin consecuencias y la rechazó. Aconsejó a su hermano que hiciera lo mismo. Zeus hizo entonces que Hermes la llevara ante Epimeteo, el estúpido hermano de Prometeo. A pesar de las advertencias de Prometeo, la tomó como esposa. Zeus también regaló a la pareja un *pithos* (recipiente), en el que se encerraban todos los accidentes. Si la nave permaneciera cerrada, no podrían afectar a nadie. Pandora sintió curiosidad y quiso abrir el recipiente, pero Epimeteo la detuvo. Un día Pandora no pudo contener su curiosidad y abrió el recipiente, liberando todos los desastres, enfermedades y preocupaciones que se extendían por la tierra: la existencia despreocupada del hombre había llegado a su fin.

Pandora cerró la tapa sobresaltada, con el resultado de que *la esperanza* no pudo escapar. Por eso, entre las catástrofes más feroces que afligen a los pueblos de la tierra, sólo queda la esperanza. La esperanza se representa a veces como el pájaro que salió volando del barril cuando se abrió por segunda vez, como un mensaje de consuelo para los humanos (la humanidad, la especie de los simios).

Sin embargo, según otra versión pesimista, la esperanza es lo único de lo que se priva a la gente. Una tercera interpretación implica que la propia esperanza es también un regalo envenenado. Después de todo, la esperanza de otra cosa es la no aceptación de lo que se manifiesta aquí y ahora.

Pandora dio a su consorte varias hijas, Profasis, la diosa del subterfugio, Metameleia, la diosa del arrepentimiento y Pirra, que más tarde se convirtió en la esposa de Deukalion.

Polyxena

La hija menor del rey de Troya, sacrificada al fantasma de Aquiles

Polixena (en griego: Πολυξένη) en la mitología griega es la hija menor del rey Príamo de Troya y de Hécuba, y por tanto hermana de Héctor, Paris, Deífobo, Heleno, Troïlos y de Creüsa y Casandra. Homero no la menciona, pero según descripciones posteriores de la guerra de Troya de autores como Dares Frigio, Dictys Cretensis e Higinio, era tan bella como Helena y tenía una larga cabellera rubia, y el griego Aquiles se enamoró de ella. Sus padres dieron permiso a Aquiles para casarse con ella, tras lo cual Hécuba atrapó a Aquiles y lo hizo matar por Paris.

Se describe mucho la forma cruel en que Polixena murió en la toma de Troya por los griegos. Según la *Cipria* (una de las epopeyas cíclicas), fue herida por Odiseo y Diomedes en la toma de Troya y fue enterrada por el hijo de Aquiles, Neoptólemo (schol. Eur. *Hec.* 41). Sin embargo, todas las versiones posteriores del mito, empezando por Ibycus (fr. 36) y la obra de teatro *Hécuba* de Eurípides, cuentan que fue asesinada por Neoptólemo. Según Eurípides y Séneca (en sus *Mujeres de Troya*), el fantasma de Aquiles se apareció sobre su tumba algún tiempo después de su muerte y exigió el sacrificio de la muchacha, y según Ovidio (*Metamorfosis* XIII, 439ss), el fantasma se apareció a Agamenón y a sus compañeros con esa petición. Eurípides, que dedicó gran parte de su tragedia *Hécuba* a la muerte de Polixena, describe a la muchacha recogida por un duro y decidido Odiseo, que tiene que defenderse de los amargos reproches de su madre Hécuba. En su descripción, Ovidio destaca el valor con el que Polixena se enfrenta a la muerte, haciendo llorar incluso a Neoptólemo. En la descripción que hace Quinto Esmirna de la historia en su *Posthomerica* (XIV, 193-351), el sacrificio de Polixena es necesario para que los griegos dispongan de buen viento para navegar de vuelta (al igual que fue necesario el sacrificio de Ifigenia a la ida).

Reyes

Agamenón

Un rey y comandante de los ejércitos griegos durante la Guerra de Troya

Agamenón, a veces traducido como *Agamemnoon*, (griego antiguo: Ἀγαμέμνων) es un personaje de la mitología griega. Es hijo de Atreo, rey de Micenas, y de Airope. Agamenón tenía un hermano, Menelao, y una hermana, Anaxibia.

En la Guerra de Troya, que se libró por Menelao, Agamenón fue comandante del ejército. Agamenón estaba casado con Clitaimnestra, hermanastra de Helena (la esposa de Menelao, que estaba en Troya con Paris).Helena describe a su cuñado en el libro tercero de *la Ilíada* de Homero como un "poderoso gobernante, un buen rey y un poderoso luchador con lanza". Agamenón no sólo era el rey de Micenas, sino que también comandaba gran parte del Peloponeso. De este modo, era el rey del mar, ya que tenía la mayor parte de los barcos en la guerra contra los troyanos. No en vano Agamenón era βασιλευτατος πάντων, 'el más rey de todos'.

Hasta el momento en que Hektor mata a Patroclo, el tema principal de la *Ilíada* es la disputa entre Agamenón y Aquiles. Cuando Agamenón le quita a Aquiles la esclava Briseida, regalo de honor para Aquiles, éste se enfurece. Ya no quiere luchar en la guerra contra Troya. Más adelante en el libro, Agamenón intenta persuadir a Aquiles para que vuelva a luchar prometiéndole inmensos regalos. Aquiles, sin embargo, no quiere nada de esto.

En 1876, el arqueólogo Heinrich Schliemann, que más tarde "descubriría" Troya, encontró una máscara de oro que supuestamente representaba al rey Agamenón, la "Máscara de Agamenón". Más tarde se reveló que la máscara es anterior a la época en que se dice que vivió Agamenón.

Agamenón había prometido a la diosa Artemisa sacrificar lo mejor que capturara durante la caza. No lo hizo y entonces Artemisa permitió que soplara un viento desfavorable para que los griegos no pudieran partir hacia Troya. Para conseguir aún un viento favorable, tuvo que sacrificar a su hija Ifigenia, bajo la presión del ejército. Su esposa, Clytaimnestra, estaba furiosa. Según otra historia, Agamenón fue a cazar justo antes de partir. Uno de los ciervos que mató resultó ser una de las ciervas sagradas de Artemisa. Después, cuando también afirmó ser mejor cazador que Artemisa, la diosa provocó una tregua, impidiendo a los griegos navegar hacia Troya.

Durante la guerra, que dejó a Agamenón lejos de su hogar durante años, Clitemnestra comenzó una relación con Aigisto, hijo de Tiestes (es decir, primo de Agamenón). Cuando Agamenón regresó victorioso de Troya, incluyendo a la princesa troyana Casandra como botín de guerra, Aigisto lo mató en el baño. Otra historia sugiere que Aigisthos convence a Klytaimnestra para que mate a Agamenón en ese mismo baño.

Agamenón y Clitaimnestra tuvieron cuatro hijos: Ifigenia, Electra, Crisótemis y Orestes. Crisótemis no desempeñó un papel importante en la mitología griega, por lo que a menudo se omite. Los otros tres hijos arrastraron la maldición de los Tántalos (véase más adelante) en sus vidas. Electra y Orestes vengaron a su padre matando a su madre y a su amante.

El género Tantalos

Agamenón, junto con su hermano Menelao y su primo Aigisto, forma la cuarta generación de la familia Tántalo (ver imagen). El linaje se vio constantemente atormentado por los castigos de los dioses, cuya causa también reside en los propios dioses.

Tantalos, el progenitor, era un rey rico en Asia Menor y vivía en igualdad de condiciones con los dioses. Quiso poner a prueba su omnisciencia e invitó a los dioses a una cena para la que mató a su propio hijo Pélope y se lo sirvió. Todos los dioses se negaron a comer, excepto Deméter, que, apenada por la presencia de su hija en el inframundo, se despreocupó y comió un trozo de paleta de Pélope. Pélope fue entonces revivido y recibió un hombro de marfil.

Los dioses castigaron a Tántalo en el Tártaro con el famoso "tormento de Tántalo"; siempre atado, hambriento y sediento, con el agua apenas llegando a su boca y las manzanas colgando por encima de él apenas fuera de su alcance.

Tantalos tuvo una hija, Niobe. Esta última insultó a Leto (la madre de Apolo y Artemisa) con el hecho de que Leto sólo tenía dos hijos y ella 14. Apolo y Artemisa vengaron a su madre por este insulto. Artemisa mató a todas las hijas de Niobe y Apolo a todos sus hijos.

Pélope también tuvo dos hijos, Tiestes y Atreo. Ambos hijos lucharon por el trono varias veces. Al final, fue Atreus quien resistió.

Atreus tuvo dos hijos: Agamenón y Menelao. Agamenón se convirtió en rey de Micenas, Menelao de Esparta.

Midas

Un rey de Frigia concedió el poder de convertir cualquier cosa en oro con un toque

Midas fue un legendario rey de Frigia. En la mitología griega se conocen varios mitos sobre él. Aunque él y su padre Gordias han permanecido conocidos principalmente por los mitos, se cree que son figuras históricas. Según varios autores, la madre de Midas era la diosa Cibeles.

Toque de oro

Por haber salvado al sátiro borracho Silenos, Dionysos, el dios del vino, le concedió el poder de convertir en oro todo lo que tocaba. Sin embargo, cuando su comida y su hijo también se convirtieron en oro, decidió lavar el poder que tenía en el río Paktolos.

Orejas de burro

Otro mito cuenta que era un gran adorador de Pan, el dios de los pastores y las tierras escarpadas. Pero al ponerse del lado de Pan, ofendió a Apolo, el dios de la música.

A Pan le gustaba tocar melodías sencillas con su flauta de caña. Como mucha gente pensaba que sonaba muy bien, empezó a presumir de que era mejor músico que Apolo. Retó a Apolo a un concurso en el que el dios de la montaña Tmolos debía dar su veredicto. Tmolos se vistió de juez, con una corona de hojas de roble en el pelo y racimos de bellotas colgando de la cara, y escuchó la música. Pan comenzó, y todos quedaron encantados con sus alegres piezas de flauta. Entonces Apolo cogió su lira y sus tonos se mecían como las olas de la suave brisa, suaves y deliciosos. Tmolos dio el premio a Apolo. Midas protestó y dijo que le gustaba más Pan.

"Es imposible que hayas oído eso", dijo Tmolos. "A mis oídos no les pasa nada", dijo Midas. En ese momento, Apolo no pudo controlar más su ira y dijo: "Si los utilizas de esta manera, no eres digno de tener los oídos de un ser humano". Le regaló a Midas un par de orejas largas, grises y peludas, diciendo: "Ahora pareces el burro que eres". Midas se avergonzó de sus nuevas orejas e intentó ocultarlas bajo un turbante. Al cabo de un tiempo, su barbero descubrió el secreto. El barbero no se atrevió a contarle a nadie la deformidad de Midas, pero tampoco pudo guardárselo todo para sí. Así que se adentró en el campo, cavó un agujero y confió su secreto a la tierra en un susurro. Sin embargo, todo secreto quiere hacerse público. En el lugar donde el barbero había cavado el hoyo, crecía un bosque de juncos que, al soplar el viento, crujía y parecía gritar: "¡El rey Midas tiene orejas de burro! ¡El Rey Midas tiene orejas de burro!" Cuando Midas descubrió que todos conocían su secreto, murió de vergüenza.

Causa de la muerte

En la mitología, además de la "muerte por vergüenza", también se habla de ser envenenado con sangre de toro.

Túmulo de la tumba

El llamado "Túmulo del Rey Midas" en Gordion se identifica actualmente como la tumba de su padre Gordias. No se sabe qué ocurrió con su cuerpo tras la muerte de Midas.

215

Edipo

Un rey de Tebas destinado a matar a su padre y casarse con su madre

Edipo (griego antiguo: Οἰδίπους) o **Edipo** (latinizado), antiguamente en holandés también **Edipo**, es una figura de la mitología griega. Edipo es hijo de Laios (rey de Tebas) y de Iokaste.

Edipo es el personaje principal de la tragedia de Sófocles del 430 a.C. *El rey Edipo* (*Oidipous tyrannos* o *Edipo Rey*) y de su *Edipo en Kolonos*. También figura en la obra de Eurípides *Phoinissai*. Esquilos (*Siete contra Tebas*) y Aristófanes también escriben poemas sobre Edipo y sus descendientes. Sin embargo, el mito de Edipo es mucho más antiguo que estos dramaturgos del siglo V a.C.: ya Homero hace una alusión lateral a la leyenda de Edipo.

Mito

En el mito de Edipo, el Oráculo prometió al rey Laios un heredero largamente esperado, pero al mismo tiempo le advirtió que perecería a manos de su propio hijo. Para evitarlo, el rey se desharía de su hijo recién nacido. Cortó los tendones de los pies de su hijo pequeño (Edipo significa literalmente *pies hinchados*) y ordenó al cuidador del rebaño real que se llevara al niño a las montañas y lo dejara allí. Sin embargo, el pastor que tuvo que dejar al bebé no se atrevió a hacer tal cosa. En las montañas, entregó el bebé a un amigo pastor de la vecina Corinto. Esta última llevó al niño a la pareja real sin hijos, Pólibo y Periboea, donde Edipo creció como su hijo y heredero. Más tarde, Edipo escuchó del Oráculo que mataría a su padre (al que, sin embargo, no conocía) y se casaría con su madre. Temiendo esto, huyó entonces de Corinto.

Mientras deambula, se encuentra sin saberlo con su padre biológico en un cruce de caminos en una región llamada Fokis. Cuando Edipo se acerca al cruce, ve a un heraldo que escolta un carro de guerra que se acerca a él. El heraldo le obliga violentamente a salir del camino y Edipo, con una rabia ciega, abofetea al hombre. El distinguido viajero de la carroza le golpea en la cabeza con su bastón. Inmediatamente Edipo devuelve el golpe, de modo que el hombre cae hacia atrás del carro. Mata a toda la comitiva; sólo un sirviente es capaz de escapar.

Más tarde, pasa por Tebas, que es aterrorizada por una esfinge tras la muerte del rey. Esta esfinge mata a cualquiera que no pueda resolver el acertijo dado. El acertijo dice: "¿Qué criatura camina a cuatro patas por la mañana, a dos por la tarde y a tres por la noche?"

Edipo consigue resolver el enigma: un hombre "camina" de bebé a cuatro patas, de adulto a dos y cuando ha envejecido camina a tres, con dos piernas y un bastón. Así libra a la ciudad del monstruo. Es coronado rey (aún sin saber que ha matado a su padre, el anterior rey) y consigue a la reina (Iocaste, su madre) como esposa. Edipo tuvo cuatro hijos con su madre, dos hijos, Eteocles y Polinices, y dos hijas, Ismene y Antígona.

Más tarde, cuando Tebas es asolada por la peste, el oráculo revela que se debe a un asesino impune. A través del vidente ciego Tiresias, se enteran de que es el propio Edipo. El desdichado Edipo se desgarra a sí mismo y se pone a vagar como penitencia. Al menos en la versión de Sophokles. En Séneca, leemos que el oráculo de Delfos alude no sólo al parricidio sino también al incesto con la madre. Edipo, sin embargo, no entiende las insinuaciones. Tiresias y su hija Manto deben traer ayuda. Realizan un sacrificio, pero cuando nada sale como se esperaba (debemos leer las peculiaridades como alusiones al futuro destino de Edipo), se decide convocar a Laios desde el inframundo. Éste acusa abiertamente a su hijo, pero Edipo sigue sin ver lo que ocurre. Sólo cuando un anciano corintio y el pastor Porbas le dicen con franqueza que Iocaste no sólo es su esposa, sino también su madre, lo tiene claro. Edipo saca los ojos como respuesta. En el caso de Sophokles se calma después de esto, en otras versiones se enfurece: maldice a la naturaleza y cree que ha triunfado sobre el destino por su atrocidad.

Edipo es desterrado de Tebas y deambula hasta que finalmente llega al templo de las Erinyes en Colono. El rey Teseo de Atenas le protege y también se gana la simpatía de los dioses. Mientras tanto, sus hijos Eteocles y Polinices gobiernan por rotación. Esto degenera en una lucha de poder cuando Eteocles se niega a ceder el trono y Polinices trata de encontrar aliados en el extranjero para marchar contra Tebas (Siete contra Tebas). Ahora los tebanos quieren desesperadamente que Edipo vuelva. Creonte y Eteocles intentan persuadir a Edipo para que regrese, pero éste se niega. Poco después, Polinices intenta lo mismo, primero por persuasión y luego por la fuerza. Edipo se niega a regresar y maldice a sus hijos: que perezcan por la mano del otro en combate fratricida. Edipo fallece en paz, ahora reconciliado con las Erinyes que se han convertido en Euménides para él.

Sísifo

Un rey que intentó engañar a la muerte

Sísifo (griego antiguo: Σίσυφος) o **Sísifo** (latín) es una figura de la mitología griega. Fue el fundador y rey de Corinto y se casó con la pléyade Mérope. Era un hombre astuto, pero cometió el error de desafiar a los dioses. Consiguió escapar de ellos cada vez, pero al hacerlo agravó su castigo final. Era que tenía que empujar una roca contra una montaña en el Tártaro hasta el final de los tiempos.

Mito

Sísifo fundó Corinto y promovió el comercio, pero también fue un maestro de la astucia y el engaño. Violó los principios de la hospitalidad matando a los invitados cuando pensó que le beneficiaría, sedujo a su propia sobrina y depuso a su hermano como rey.

De este modo, Sísifo provocó la ira de Zeus al delatar al dios del río Asopos de que su hija Egina había sido engañada por Zeus como su enésima conquista. Lo hizo porque creía estar a la altura de los dioses y, por tanto, podía permitirse traicionar a un dios. Este desafío despertó la ira de todos los dioses.

Cuando Sísifo murió, los dioses enviaron a Tánatos (la Muerte) tras él para que lo capturara, lo encadenara y lo llevara al Tártaro. El astuto

Sísifo vio el estado de ánimo y logró engañar a Tánatos. Pidió a Thanatos que le demostrara cómo funcionaban las cadenas y consiguió atarlo durante esta "demostración". Como resultado, nadie en la Tierra murió. Ares, irritado por el hecho de que sus oponentes no murieran más, lo liberó unos días después.

Sísifo fue llamado por los dioses para que muriera de verdad después de este truco, pero antes de que Ares y Tánatos vinieran a buscarlo, dio instrucciones a su mujer para que no lo enterrara y, además, para que no pusiera una moneda (obool) debajo de la lengua para el barquero Caronte, para que entonces no pudiera cruzar la Estigia hacia el inframundo. Al llegar al inframundo, se quejó a Hades y a Perséfone de la negligencia de su esposa, por lo que Hades no tuvo más remedio que enviarlo de vuelta para completar los rituales necesarios. Según otras lecturas, consiguió convencer a Hades y Perséfone de que había sido enviado a Tártaros por error, tras lo cual le liberaron.

Sin embargo, Sísifo no pensó en volver y decidió seguir viviendo durante algún tiempo. Finalmente, los dioses enviaron tras él al veloz Hermes, que lo devolvió a Tartaros. Así, los dioses se apoderaron de él y le condenaron a empujar un pesado peñasco por una escarpada montaña en el Tártaro, que, sin embargo, volvía a rodar hacia las profundidades desde la cima cada vez, de modo que estaba condenado a empujar eternamente ese peñasco por la escarpada montaña una y otra vez. Con ello, Zeus demostró que, al final, los dioses eran más inteligentes que Sísifo, y éste fue castigado por su arrogancia.

www.ingramcontent.com/pod-product-compliance
Lightning Source LLC
Chambersburg PA
CBHW071739150726
47998CB00005B/1716